SARA DANIEL et BENOÎT KANABUS

LA PUTAIN DU CALIFAT

BERNARD GRASSET
PARIS

Couverture : © Eric Lafforgue / Hans Lucas.

ISBN 978-2-246-81602-7

Une fille faite pour un bouquet et
couverte du noir crachat des ténèbres.

Paul ÉLUARD

Cinquante-trois corps dépouillés de leurs vêtements, de leurs noms de famille, de leurs histoires. Cinquante-trois corps nus au premier étage d'une maison du nord de Mossoul. Elles viennent des montagnes du Sinjar ou des quartiers riches de Qaraqosh, elles ont gardé des brebis ou travaillé dans des bureaux climatisés, mariées ou célibataires, tout ça n'a plus d'importance. Seul reste le corps, qui prend toute la place, la peau, qui expose sa vérité, les dents cariées, les chevelures luxuriantes ou pelées, les embonpoints ou les plis de maigreur, la cicatrice d'une chute à vélo, une marque de naissance, les vergetures d'une grossesse. Vestiges d'un monde révolu de chagrins et de petites victoires, de rêves et de renoncements, banalité de la vie des gens à qui il n'arrive rien d'autre que la vie qui passe. Il n'y a pas de miroir dans la pièce, mais elles voient leur pudeur éclatée dans le regard des soldats qui, déjà, les estiment au prix du marché. Et dans celui épouvanté des autres : cinquante-trois paires d'yeux qui réfléchissent leur honte dans un impitoyable kaléidoscope.

Le notable auquel ils destinent Marie est un homme au visage parcheminé que les autres appellent Hadj Abou Ahmed al-Charia : de son vrai nom Jomaa Kurdi. C'est un imam et un vieux docteur en affaires islamiques, d'où son surnom al-Charia, qui a fait son pèlerinage à La Mecque, d'où son titre honorifique de Hadj. Encadré par deux soldats à la taille épaisse, Marie le voit venir vers elle avec sa barbe zébrée sang et sel, là où la teinture au henné a disparu. Il l'informe en lui saisissant rudement le bras : « On t'a donnée à moi ! » Marie se débat, essaye de le griffer. « Je ne te veux pas ! Je ne te veux pas ! Je ne te veux pas ! » Elle scande son dégoût comme une incantation magique, trois fois, comme la formule de répudiation des musulmans. Mais le vieux ne disparaît pas, il est là, qui se tient dans son corps sans muscles et qui exige qu'elle lui baise la main. Marie refuse encore. L'homme enrage de ne pas pouvoir maîtriser cette femme si menue qui le repousse de toutes ses forces. « Laisse-la, Hadj », finissent par lui conseiller les soldats. « Nous allons la donner à des combattants plus jeunes qui vont la mater. » Le vieux ne veut pas renoncer. Ordonnant aux deux armoires à glace munies de kalachnikov de la maintenir, il présente de nouveau sa main à Marie, comme la selle à un cheval qui s'est cabré et que l'on tente de dompter une nouvelle fois. Quand elle s'abaisse enfin vers ses doigts aussi noueux que les racines d'une plante, les soldats la projettent sur le sol et la rouent de coups. « Tu es une *sabiya*, une esclave, et tu vas obéir », lui rappellent-ils en la jetant sur la plage arrière du Toyota break de l'imam.

Elle hurle pendant les trois kilomètres du trajet qui la séparent de la sortie de la ville, d'une maison vide. Les deux soldats ouvrent la porte, poussent Marie à l'intérieur et allument le générateur au pétrole pour que le vieux ait un peu de lumière. Puis ils sortent et font quelques pas, pour laisser à la torture physique la même intimité qu'à une histoire romantique.

L'imam est déjà en train d'obliger Marie à s'épiler intégralement à l'aide d'une crème et à se frictionner les parties génitales avec une éponge à récurer les casseroles. Comme si ce pervers était terrifié par le corps de cette femme, par son vagin qu'il imagine obscur et sale, impur de « salivations inappropriées », débordant de « laves chtoniennes », menaçant à chaque instant d'engloutir sa verge.

Il se jette sur elle, lui arrache ses vêtements, et les canines du vieux sont encore assez effilées pour laisser dans son cou et sur ses seins des trous sanguinolents. Son dos se couvre de la marque des coups du vampire, qui s'exaspère de n'arriver à rien parce qu'il a perdu son Viagra dans le voyage. Il se relève ; il voit tout ce qu'il voudrait faire à sa bouche, ses seins, ses fesses. La femme qui se débat l'excite, mais décidément sa queue d'animal ne bouge pas. C'est seulement parce qu'il s'énerve qu'elle flageole entre ses jambes. Alors il bat ce corps dont il ne parvient pas à jouir, plus fort, jusqu'à en casser le cadre en bois du lit.

Le vieux ne quitte plus la maison. On dirait qu'il n'a que cela à faire, frapper Marie pour un soupir, pour une grimace, pour rien. Et puis, au neuvième jour du calvaire, il reçoit d'un soldat moqueur une pilule, et il la viole.

Marie confond souvent les semaines et les mois de son asservissement. Mais elle n'a pas oublié le 9 septembre 2014. « Ce jour-là, la vie a quitté mon corps », m'a-t-elle dit. « Est-ce qu'on oublie le jour de sa mort ? »

*

La première fois que j'ai entendu parler de Marie, j'attendais la fin de la bataille de Mossoul, partageant avec les soldats les histoires et l'ennui de l'arrière des lignes de front. Esclave de douze maîtres, abusée par des dizaines d'autres, vendue et revendue de Qaraqosh en Irak à Raqqa en Syrie, son histoire dessinait la géographie de l'État islamique. Et sa théologie : tous les péchés des hommes se sont incarnés dans son corps de femme.

Je voulais à tout prix la rencontrer. Marie, elle, voulait disparaître du regard de ceux qui l'avaient torturée pendant deux ans ; disparaître du regard de ceux qui l'avaient connue avant ; disparaître du regard des curieux qui, comme moi, voulaient écrire son histoire. Alors j'ai poursuivi sa trace en essayant de déjouer le réflexe qui, après sa libération, l'avait poussée à s'enfuir et à se cacher comme le font les bêtes blessées. Et quand j'ai enfin su dans quel coin d'Irak elle s'était recroquevillée, j'ai été jusqu'à promettre de l'aider pour la rencontrer. Si je racontais son histoire, fis-je savoir à Yohanna, certainement obtiendrait-elle plus facilement un visa pour s'exiler. Pourquoi pas en France ? Ou en Belgique ? Mais elle ne voulait pas. Pas maintenant. Elle devait d'abord témoigner devant une commission des Nations unies, me répondit Yohanna, laquelle conclurait son travail en glissant un visa dans sa poche, il en était sûr. Mieux encore : un visa pour les États-Unis.

L'histoire de Marie bouleversa les membres de la commission, en effet. Mais ils ne lui délivrèrent pas de visa. Ou plutôt ils s'excusaient, tergiversaient, traînaient à lui en obtenir un, à cause de leur habituelle impuissance et du nouveau président américain, Donald Trump, qui venait de bannir du territoire tous ces salauds d'Irakiens que son pays avait bombardés pendant quinze ans.

Quelques semaines plus tard, j'ai reçu trois photographies. Sur la première, Marie est seule sous un niqab noir et une *abaya* noire. La qualité de l'image est si médiocre qu'il est impossible de distinguer ses yeux derrière cette longue tente qui l'avait isolée du monde. Sur la deuxième, elle pose à côté de Yohanna, le niqab relevé pour qu'apparaisse ombragée une partie de son visage. Sur la troisième, elle a retiré ses voiles et porte une chemisette bleue sur laquelle tombe une croix en or. En regardant son visage, j'ai compris qu'elle avait envie de vivre ; elle s'était maquillée.

*

C'est en Jordanie, à Amman, que j'ai rencontré Marie. Elle avait trouvé refuge dans cette ville qui sert à la fois d'asile aux victimes et d'antichambre avec vue aux djihadistes en partance pour l'Irak ou la Syrie. C'était en avril 2017, six mois après sa libération et le début de nos échanges. Je savais déjà tout de son histoire. Yohanna me l'avait racontée en Irak et m'avait montré chaque lieu où elle avait été détenue à Mossoul. Il n'avait omis aucun détail, à part ce que la pudeur d'un homme imagine être la pudeur d'une femme. J'avais aussi rencontré sa sœur, son frère, son neveu, des chrétiens qui avaient honte d'elle, et les musulmans de son village qui avaient honte d'eux. Tous ceux-là espéraient que je ne la retrouve pas, et quand ils ont compris que j'allais tout écrire, ils m'ont menti.

Ce jour-là, elle se tenait sur le perron d'une maison quelconque, petite femme amaigrie, vêtue d'un jean et d'un corsage aux broderies rehaussées de billes en métal, au rouge trop vif assorti à son rouge à lèvres. Je ne parvenais pas à détourner mon regard de son visage ni de son corps. L'arête cassée du nez déviait à droite, enveloppant l'orbite à la manière d'un cercle surligné de blanc ; la bouche éclatée s'épatait sur le menton ; le buste se tenait en équilibre précaire sur un pied brisé.

« J'ai été une *sabiya* du 7 août 2014 au 16 octobre 2016 », a-t-elle dit pour commencer.

*

Les chrétiens d'Irak m'ont fait promettre de raconter leur histoire ; j'ai vécu plusieurs mois au milieu d'eux. Jusque-là, de retour de mes voyages dans ces déserts brûlés par la haine, je n'avais écrit que des récits formatés, qui sentent la poudre et les drapeaux trempés de la sueur des héros, où je me cache derrière un je de façade, quelques fausses confidences, et des souvenirs qui ne doivent pas choquer le lecteur. À mes amis, je ne racontais presque rien. Dans l'intimité d'un salon ou dans le brouhaha d'un bar, pouvais-je leur dire l'odeur des cadavres de mes amis de là-bas ? De toute façon ils ne voulaient pas l'entendre : « Ça s'est bien passé ? Tu as eu peur ? Tu reprends un mojito ? »

Alors, qui pour lire l'histoire de Marie ? Et comment l'écrire ? Comment insuffler la vie dans son récit alors qu'elle ne m'a laissé qu'un squelette sans chair ? Que dire, que taire, qu'imaginer, où s'arrêter ? Détourner la plume comme une ellipse de caméra lorsque la scène est insoutenable ? Ou tout décrire, surtout ce qu'elle ne peut pas dire ? « Non pas que l'expérience vécue soit indicible. Elle a été invivable, ce qui est tout autre chose », explique Jorge Semprún dans *L'Écriture ou la Vie*. « Seul l'artifice d'un récit maîtrisé parviendra à transmettre partiellement la vérité du témoignage. Ne parviendront à cette substance, à cette densité transparente que ceux qui sauront faire de leur témoignage un espace de création. » Lui a mis cinquante ans à écrire ce qu'il a vécu à Buchenwald. J'aurais aimé qu'il soit encore là, cet homme que je croisais chez Florence Malraux, couple improbable : elle, joyeuse, butinant les sujets graves de sa voix fluette ; lui, chaleureux et sombre, dont je n'osais m'approcher de peur de tomber dans l'abîme du pays des linceuls. Je lui aurais parlé de Marie.

La fille du sacristain

Un air froid et métallique masque ce matin l'odeur des abats et des égouts. La rumeur des voitures qui empruntent au loin la route de Qaraqosh s'est tue. On n'entend pas non plus les vieilles chuchoter le secret des autres devant l'épicerie, ni le cri de la volaille de basse-cour dont la puanteur m'avait fait vomir. Un ciel de cristal rare a dévoré la plaine et les bruits ; il neige à Khidir.

Retranché derrière ses murs au sommet d'un tell, le monastère Saint-Behnam domine avec plus d'insolence que d'habitude le village dissous dans une brume laiteuse. Il n'a pas toujours eu l'aspect d'une forteresse : il a fallu pour ça qu'un architecte de l'époque de Saddam Hussein lui inflige une carapace de béton. Le père de Marie avait conservé dans une boîte à chaussures des photographies du monastère du temps de son propre père. Cette boîte s'est perdue pendant la guerre, m'a-t-elle dit, la dernière ou une autre, en même temps que les chaussures de ceux qui sautaient sur les mines. J'imagine que cette collection devait ressembler aux planches publiées par l'archéologue allemand Conrad Preusser dans les dernières années de l'Empire ottoman, ou par le diplomate britannique Harry Charles Luke. J'ai aussi retrouvé un panorama hallucinatoire de Gertrude Bell, cette amie de Lawrence d'Arabie qui tenait le crayon lorsque les Anglais tracèrent les frontières de l'Irak quelques années plus tard. Je devrais l'envoyer à Marie. Les murs étaient alors enduits d'une chaux amande se mélangeant au paysage de collines basses qui donnent un peu de vie à la plaine de Ninive. Le mausolée de Behnam et Sarah dévoilait de longues briques dont on devinait à peine la couleur rose sous les vents de sable collés. Ce matin le béton qui a couvert cette pureté primitive est recouvert de neige, et le monastère est presque beau à nouveau.

Qu'importent les flocons qui imbibent la laine des châles, le sacristain s'apprête à monter à l'église du monastère, car c'est dimanche et c'est bientôt l'heure de la messe. Donc pas de jeux dans la neige, pas maintenant, dit-il à ses treize enfants en sortant de la maison. L'homme, au visage ceint d'un keffieh retenu par des cordelettes noires et vêtu d'une *dichdacha* blanche à la mode de sa tribu, les entraîne sur la pente verglacée du tell. Il serre la main d'une fillette dont les cheveux blonds sont noués en tresses à deux brins. C'est Marie, elle a douze ans, et elle aurait aimé se dégager de la poigne de son père pour courir dans la neige avec ses frères, si la foule qu'elle voit arriver par la route de Qaraqosh ne l'inquiétait pas.

C'est la guerre, ce 17 février 1991. Mais je me demande s'il est utile de donner une date précise à de tels souvenirs. En Irak c'est toujours la guerre. Au cours de sa vie, Marie ne connaîtra jamais la paix. Seulement des trêves parfois plus angoissantes que lorsque l'on combat un ennemi déclaré. Cet hiver, elle a vu chaque jour l'aviation de la coalition emmenée par les Américains déverser des bombes par milliers de tonnes sur son pays pour le punir d'avoir envahi le Koweït. Ce matin, elle voit seulement entrer dans l'église une foule de visages rongés par l'anxiété. Les fidèles de Qaraqosh sont venus prier pour un mort ou pour un vivant enrôlé dans l'armée, et puis pour eux aussi depuis qu'un élu américain les menace du feu nucléaire.

Dans la première rangée de bancs, une longue femme aux cheveux blancs ramassés sous une résille vient d'apprendre la mort de son fils dans l'attaque d'un abri antiaérien à Bagdad. L'aviation américaine a bombardé ce refuge dans le quartier d'Amariyah sur la foi d'un mauvais renseignement qui indiquait que Saddam s'y réfugiait toutes les nuits. Une première bombe a perforé la couche de béton armé du plafond ; une seconde a porté la température intérieure à plus de mille degrés. Quatre cent sept civils et le fils de la femme au chignon ont fondu. Beaucoup de fidèles viennent serrer son bras et lui glisser un mot de réconfort. Sa douleur ravive chez eux des douleurs plus anciennes, un mari, un fils ou un frère tombé pendant les grandes offensives iraniennes des années 80, qui portaient le nom trompeur d'« Aurore ». L'Irak est le pays des aubes meurtrières.

La messe est dite, les enfants courent vers le sommet du tell, ivres de l'air givré et des plaisirs à venir. Les uns s'arriment à leur bricolage de luge, de petites cagettes de bois qui transpercent le voile de neige fragile, s'effritent sur les cailloux et s'échouent sur une souche d'arbuste. Les plus intrépides s'élancent dans une série de galipettes glacées qui mettent le cœur au bord des lèvres. Leurs éclats de rire roulent sur la colline qui reverdit trop vite. Sous le porche en arcades du monastère, les mères impatientes rappellent aussi trop vite les enfants pour les enfermer à la maison. Marie insiste pour rester. Pas dans le froid, jure-t-elle, mais dans l'église pour revenir avec papa. Sa mère, entourée de ses frères et sœurs, s'éloigne dans la brume. Ce moment volé à la guerre, m'a-t-elle confié, aussi inattendu qu'un jour de neige en Irak, est son plus beau souvenir d'enfance.

Pendant que son père débarrasse la vaisselle liturgique, Marie se promène dans l'église. Ses pas résonnent à travers la nef vide, elle saute d'un carreau de pierre à l'autre, imite les grandes enjambées des paons qui marchent entre des ânes sur les arabesques murales. Parfois elle s'arrête pour détailler les muqarnas gris-vert, ces décors creusés dans le stuc qui habillent les dômes des chapelles d'alvéoles à la géométrie métaphysique avant de se figer en de fragiles stalactites. Marie ne connaît ni les nids-d'abeilles multicolores de Boukhara, ni les volutes bleu céleste des palais d'Ispahan, que déjà la façon épurée du dôme de la chapelle de la Vierge lui évoque les portes du Ciel. Un jour, lui promet son père, ils iront ensemble à Mossoul pour visiter la mosquée au minaret penché d'al-Nouri : le dôme qui surmonte le mihrab en est le jumeau. En attendant, il faut rentrer à la maison, alors la petite fille prend la main de son père pour mieux marcher à reculons dans la nef et ne pas voir les dragons qui grimpent le long des murs, ni les lions prêts à bondir dans l'angle des portes.

*

Lorsqu'il m'a montré cette église, Yohanna a levé mon regard avec son doigt jusqu'à une pierre décapitée : c'est dans l'angle de cette porte que guettait le petit lion qui effrayait Marie. Les serpents de rocaille, les félins aux veines de marbre, les chevaliers figés avec leur lance devant des démons, tous ont été défigurés à coups de burin et de marteau-piqueur par les soldats de l'État islamique. Pas un jour n'est passé durant l'occupation de Khidir sans que Yohanna n'y pense, comme si ce lion de pierre et tout ce bestiaire imaginaire avaient partagé le sort des centaines d'hommes et de femmes disparus dont les fiches s'empilaient sur son bureau et qu'il devait sauver. Sur une de ces fiches était inscrit le nom de Marie.

*

C'est fade une enfance heureuse, tous ceux qui l'ont vécu le savent, et leurs souvenirs ne tissent pas la trame des romans. L'enfance de Marie fait partie de celle-là. Seulement dans son pays la neige qui tombe se mêle à la pluie noire des puits de pétrole enflammés par l'armée de Saddam, et les cafards courent dans la maison à cause de l'embargo qui interdit l'importation d'insecticide. Je sais que pendant sa captivité, chaque fois qu'elle pourra se blottir seule dans un coin de chambre sordide, Marie convoquera pour s'endormir l'odeur sure du chèvrefeuille, la pulpe molle des figues pourprées et les grappes de plumbago bleu ciel qui dansaient dans son jardin.

Elle habite en bordure de la route qui longe le village de Khidir, dans une maison de plain-pied au carrelage rose. Ses parents l'ont meublée simplement, à l'exception d'une succession d'immenses canapés en cuir mauve, rehaussés de boiseries dorées assorties au lit conjugal. C'est le seul signe extérieur de leur richesse, mais il compte dans ces régions où la prospérité se mesure souvent au volume occupé par ces fauteuils qui assassinent le regard. Le véritable trésor de la maison pourtant, celui que les voisins lui envient, c'est son jardin. Un patio arboré où se succèdent les cellules de moine des chambres des enfants. Paradis de poche dont le centre est occupé par un palmier, flanqué d'un puits en briques blondes, autour duquel rayonnent les tulipes et les branches graciles aux lourds pétales jaunes des jasmins, un figuier trapu, et l'oranger dont on peut cueillir les balles rouges depuis la terrasse et que les frères de Marie utilisent comme des munitions. Les murs de la cour sont tapissés d'une vigne dont les feuilles promettent les délices d'un plat de dolmas, le préféré de la petite fille. À côté du potager, les parents ont construit un poulailler en blocs disjoints recouvert de boue séchée. Sur le mur du portail en fer se fiche un escalier à la rambarde rose conduisant jusqu'au toit où la famille se réfugie pour dormir les nuits d'été.

Aujourd'hui seuls des chardons et des ronces poussent dans les herbes, et la carcasse d'une voiture roussit en silence. Je me suis demandé quelle mésaventure a pu lui faire achever sa course dans ce jardin clos de toute part. L'eucalyptus aux feuilles poussiéreuses qui caresse les fenêtres de la maison ne bruisse plus des jeux des enfants. Et sur les poutres en bois creux du poulailler, une plaque de tôle recroqueville sa rouille.

À travers les barreaux d'une fenêtre, j'ai regardé la pièce nue que Marie partage avec sa sœur Pascale, si tendre, la prunelle de son cœur. Ses autres sœurs ne sont pas mauvaises, mais elles sont un peu jalouses de Marie, la préférée du père, trop blonde, trop studieuse, trop secrète. Sa réserve passe à leurs yeux pour de la hauteur.

Quand la maison se réveille de la moiteur des heures de sieste, la mère se met en tête d'apprendre à sa fille quelques rudiments de cuisine. Lorsqu'elle veut se soustraire à ces leçons fastidieuses, Marie enfourche sa bicyclette et pédale sur la longue route qui va à Mossoul. Elle se cache derrière un talus, espérant et redoutant à la fois que sa fratrie ne se soit pas aperçue de sa disparition. Elle peut rester cachée des heures à tester leur affection. Quand le soir tombe, l'inquiétude pimente la jouissance de la solitude, luxe suprême dans ces pays où l'on n'est jamais seul. « Marie, reviens ! », crie finalement Pascale, dont la voix se mêle à la prière du muezzin chantant Dieu dans le crépuscule.

Confidences, vêtements qu'elles se disputent pour finir par se les prêter en protestant mais en riant de voir qu'elles ont les mêmes goûts, Marie qui s'est si souvent souvenue de ce bonheur pour survivre, Marie veut tout oublier aujourd'hui. Car Pascale, sa sœur chérie, la hait. Pascale aurait voulu qu'elle meure à Mossoul en emportant son secret dans la tombe.

*

Sur le seul portrait que ses enfants ont conservé de lui, le père pose avec son keffieh et sa moustache irakienne, la *dichdacha* blanche rentrée sous une veste de costume. Il est solennel, un peu sévère, et visiblement mal à l'aise d'être pris en photographie. À côté de lui sa femme se dissimule sous un fichu jaune, elle est floue, comme les souvenirs que Marie a gardés de cette mère toujours lasse. On sent bien que c'est la seule fois où le couple a sacrifié à ce rite. Le photographe a pris son temps pour la mise en scène, ce n'est pas un instant volé, c'est une vie qu'il immortalise. Dans ce montage kitsch, l'artiste a placé les deux personnages devant un visage du Christ en papier peint. Un cliché argentique des années 80, comme ceux que l'on remisait dans de grandes boîtes que l'on sortait des placards au moment des mariages ou des enterrements, bien avant l'ère des selfies qui figent en salve la médiocrité de tout le monde.

C'est le portrait d'un saint homme, m'ont dit les villageois musulmans, qui donnent encore au père de Marie du « mon oncle », même les plus âgés que lui, par déférence. Il faut dire qu'il n'y a plus que trois familles chrétiennes à Khidir, que les habitants sont pauvres, et que la camionnette du sacristain démarre en trombe pour conduire à l'hôpital de Mossoul la femme sur le point d'accoucher, emmène ornée de fleurs les futurs mariés à la mosquée, ou sert de corbillard à celui qui part au cimetière enveloppé dans un linceul. Il faut dire aussi que le père de Marie gère les biens du monastère, ce qui revient à dire qu'il administre le village. Il est l'homme qui rompt le jeûne avec ses voisins au coucher du soleil de l'Aïd al-Fitr, qui mange avec eux le mouton au grand jour de l'Aïd al-Adha, et quand viennent Noël et Pâques, qui les fait asseoir dans sa maison. Et puis il aime tellement les enfants, me racontaient encore les villageois. Les siens, et ceux de l'orphelinat chrétien de Qaraqosh dont il s'occupe bénévolement, comme de ceux chassés par les pères musulmans qui trouvent chez lui un refuge. À Khidir, pour évoquer la bonté de l'« oncle », on dit que ses poches sont pleines de chocolat.

Le saint homme est aussi un petit entrepreneur. Boutiques, production agricole, poulailler industriel, ses poches sont peut-être pleines de chocolat mais ses doigts transforment ce qu'ils touchent en or. Surtout il possède de la terre. Ses arpents se trouvent sur le coteau du tell qui descend jusqu'au village. L'été, on voit les paysans enveloppés dans un nuage de grains trimer sur le pelage blond incendié des blés, au milieu de grillons qui crépitent comme des braises. Ils fauchent sans relâche et sans se plaindre parce qu'ils ont du respect pour le sacristain et parce que cela fait longtemps que, dans la féodalité du monastère, les chrétiens sont les seigneurs et les musulmans, les cultivateurs.

Maintenant que la pénurie des jours de guerre s'installe, le ressentiment grandit contre les chrétiens : on jalouse leurs champs méthodiquement irrigués et leurs maisons aux jardins bien taillés ; on s'agace même de leurs diplômes d'université. Les plus jeunes ont l'impression que rien ne leur appartient, pas même cette terre qu'ils croient celle de leur religion. En 1991, l'islamisme est en train de renaître sur les cendres du nationalisme, et l'influence des chrétiens à Khidir finira par causer des problèmes ; le père de Marie sait que la violence en Irak se lève aussi vite qu'un vent de sable dans le désert.

*

« Tempête du désert », c'est d'ailleurs le nom que les Américains ont donné à leur guerre. George Bush père a appelé les Kurdes du Nord et les chiites du Sud à se soulever contre Saddam. Seulement il n'a pas tardé à comprendre que le pays risquait d'éclater sous l'effet des insurrections ethniques et confessionnelles qu'il était en train d'encourager. Et ça non plus, ce n'est pas bon pour les affaires. Alors l'Américain a imposé *in extremis* un cessez-le-feu, sauvé Saddam, et autorisé ses hélicoptères à déverser du napalm et du phosphore sur les insurgés. On ne vivait pas encore à l'ère de la franchise brutale de Donald Trump, et ce changement de stratégie des États-Unis – qui avaient toujours pris soin jusque-là de présenter la poursuite de leurs intérêts comme l'impérieuse nécessité de faire le bien de l'humanité – était si inattendu qu'il a pris de court aussi bien les naïfs que les cyniques.

*

Marie s'éloigne de ses anciens camarades de classe. Même Ahmed, son ami d'enfance, a arrêté ses études pour travailler dans les champs de son père. Parfois au moment des récoltes, elle longe à vélo la route des blés, lui pose sa faux et reste muet de la retrouver si distante, si femme.

Quand à la fin de l'automne 1992, le sacristain meurt d'un cancer à l'hôpital à Bagdad, les villageois viennent attendre son cercueil sur la route pour l'escorter jusqu'à l'église du monastère. La procession réunit encore ce jour-là les familles chrétiennes en noir et les familles musulmanes en blanc. La mère de Marie consigne dans un petit carnet le nom de tous ceux qui lui apportent un cadeau de deuil selon leurs moyens : un sac de farine, des dattes ou un pain de sucre. En Irak, on meurt beaucoup, et souvent, et il faudra bientôt rendre la pareille à la hauteur de ce que chacun a offert. Pourtant elle aurait pu se dispenser de cette fastidieuse comptabilité : le père disparu, la famille ne fréquentera plus les musulmans.

Bagdad mon amour

Dans le taxi jaune qui la conduit de Khidir à Bagdad à la fin de l'été 1999, Marie regarde défiler le ruban de collines calcinées et de maisons inachevées. Elle a vingt ans et ses cheveux blond vénitien, coupés au carré, avivent ses yeux verts. Chaque kilomètre parcouru augmente la sensation de liberté. C'est Kirkouk, Touz Khormatou, puis Bakouba. À chaque ville traversée sa résolution s'affermit : ne plus vivre sous l'inquisition de sa mère ; échapper à l'oppression de ses frères ; se défaire des chaînes communautaires. Marie la vindicative, si solitaire, si fière. Même aujourd'hui, même informés de son destin tragique, ses voisins de Khidir, quand je les ai interrogés sur leurs souvenirs, ont évoqué dans un froncement de sourcils ces traits de caractère, comme si l'orgueil de la jeune femme expliquait finalement aussi ce qui lui est arrivé.

Lorsque le taxi entre dans les rues de Bagdad, elle jette son regard à l'horizon des toits pour apercevoir la tour Saddam, minaret laïc au bulbe bleuté, statue de la liberté de ceux qui traversent le désert pour changer de vie. Elle aime tout de suite l'odeur de pétrole mal raffiné de la ville. Sur les ronds-points, le long des avenues ou aux carrefours, Saddam est là, qui la regarde, déguisé sur les immenses panneaux de la ville en chef de guerre babylonien, ou à cheval à côté de Saladin qui marche sur Jérusalem, ou même en Tyrolien en culotte de peau à bretelles et feutre vert orné d'une plume. Le président se métamorphose à l'image d'une divinité antique. Et Marie, ignorante des purges et des assassinats, se sent rassurée par la magie protéiforme du bienfaiteur des chrétiens. Lorsque la voiture traverse d'immenses cimeterres entrecroisés, les mains qui les brandissent, répliques géantes de celles du raïs, forment un arc de protection au-dessus d'elle.

Un peu plus loin, un ballet ubuesque de grues d'acier. On construit la mosquée Oum al-Marik, la Mère de toute les batailles, gardée par quatre minarets hauts de quarante-trois mètres pour quarante-trois jours de guerre et de quatre plus petits en forme de Scuds. La Mère de toutes les batailles, c'est l'invocation de Saddam le poète à la guerre contre la coalition internationale après l'invasion du Koweït. Lui dédicacer une mosquée donne un étonnant vernis belliqueux au tournant religieux qu'il est en train de faire prendre à son régime. Car Saddam le fidèle a choisi de se soumettre au fondamentalisme venu d'Arabie saoudite pour retarder la déliquescence de son règne. Cela dit, à part les jeunes filles qui montent étudier à la capitale comme Marie, peu sont dupes de cette conversion, tandis que les porte-voix du régime colportent la légende : le président aurait donné trente litres de son sang pour faire calligraphier en rouge violent les pages d'un Coran conservé dans le musée de la mosquée. Déjà les films turcs, histoires d'amour sirupeuses et faussement torrides, ont été retirés des cinémas de la rue Saadoun. Et l'on ne sert plus d'alcool dans les restaurants.

*

L'oncle chez qui Marie va s'installer le temps de ses études vit avec sa femme et son fils à Karrada, un quartier bourgeois qui se love dans un méandre du Tigre, une presqu'île où chrétiens et musulmans cohabitent encore paisiblement. La propriété est tout de même protégée par un haut mur.

La grille franchie, Marie découvre une cour où pousse un citronnier arrosé par l'eau du fleuve qui sort d'un tuyau. Au fond de la cour se dresse une bâtisse des années 30, au perron en fer forgé, entrelacé de sarments de vigne qui grimpent le long de deux colonnes corinthiennes. Trois marches encombrées de fleurs et de pots de plantes grasses conduisent vers le hall, qui s'ouvre sur un patio où les moineaux se bousculent autour d'un bassin. Au rez-de-chaussée, les portes à doubles vantaux donnent sur des pièces pleines de fraîcheur. C'est là, lui dit l'oncle, qu'elle aura sa chambre. Pour réviser ses cours, elle pourra s'installer à l'étage, ajoute-t-il, en lui montrant la galerie percée de fenêtres aux vitraux multicolores.

Marie, qui n'a connu que son village, n'a pas encore remarqué que le voile de lin des rideaux est en lambeaux, que le stuc s'effrite, et que le bois craquelle. Autrefois la maison était faste, elle appartenait à de riches marchands juifs chassés d'Irak en 1956. Les chrétiens avaient pris leur place, non sans plaisir. Mais cela fait plusieurs années que l'embargo a contraint l'oncle à enrouler les tapis persans, à décrocher les miroirs et à vider la bibliothèque sur les trottoirs de la rue Moutanabi où quelque fonctionnaire de l'ONU a marchandé ces trésors contre un sac rempli de billets qui ne valent plus rien. Et plus le temps passe, plus les chrétiens se retranchent dans la maison, comme les juifs avant eux, pour oublier à l'ombre des fleurs la rumeur de la ville qui parle d'une minorité en sursis.

*

Marie étudie l'anglais, le régime l'a décidé en parcourant son bulletin scolaire. Son destin est aussi bien réglé que ses jours. De retour sitôt les cours terminés, la jeune femme fouille le bric-à-brac d'objets cassés et d'étoffes passées des pièces inoccupées, puis elle erre dans la maison déserte, ses couloirs plongés dans la pénombre, et la solitude qu'elle lui offre. La nuit, elle passe des heures accoudée à la fenêtre à regarder la danse des berlines des profiteurs de guerre qui bloquent sa rue.

De ces quatre années, elle m'a raconté peu de souvenirs qui échappaient à la mécanique de la vie quotidienne. Quitter le havre de la maison au petit matin, saluer le marchand de jus de grenade, baisser les yeux devant le mouchard du quartier qui prend son café dans un dé à coudre. Répéter les prétérits de verbes irréguliers, assise au milieu de filles trop maquillées qui, au fil des mois, ont fini par recouvrir leurs formes de voiles noirs et par regarder avec distance la chrétienne de Khidir. Être sociable, mais éviter les confidences pouvant vous faire dénoncer par les professeurs baasistes qui rédigent des rapports plus longs que des thèses. Et vers 17 heures, revenir à la maison, sourire au gardien, relire ses cours, dîner, se coucher.

*

Un vendredi matin, Marie, qui paresse dans son lit en écoutant les bruits de la maison, voit sur le lin des rideaux le jeu de la lumière et du vent donner vie à deux visages. Dans le jardin son cousin accueille Petros, un camarade de la faculté de médecine. Elle entend sortir les dattes, le yaourt, des tomates aux œufs, une folie en ces temps de pénurie. Ils parlent des bombardements que tout le monde redoute, des armes américaines à l'uranium, des pathologies et des dépressions que génère l'inactivité de la population et que le jeune interne ne sait comment soigner.

Comme tous ceux qui ont un peu d'ambition, le cousin de Marie a pris sa carte du parti Baas pour recevoir des notes plus flatteuses aux examens, mais il baisse la voix, comme tout le monde, pour se plaindre des directives imbéciles du régime. La semaine dernière, il a dû aller défiler pendant plus de cinq heures à Tikrit, le jour de l'anniversaire du président, entre des enfants déguisés en kamikazes palestiniens et des soldats abattus qui jouaient à la victoire. Encore une stupidité, dit-il, en cette période où les hôpitaux dans lesquels il aurait pu se rendre utile sont débordés. Les ventilateurs qu'ils ont disposés à l'extérieur pour avoir un peu d'air s'arrêtent ; les hommes s'agacent. Que les coupures de courant soient programmées par roulement dans chaque quartier et annoncées dans le journal à la suite des discours de Saddam ne rend pas la chaleur plus supportable.

Les mois suivants, Marie guette la venue de Petros. Elle finit par le croiser, jeune homme en costume occidental, aux traits fins, aux yeux piscine. Le cousin accepte de jouer l'intermédiaire de leur idylle naissante. Le jeune médecin devient un habitué de la maison.

Dans le miroir de la desserte sur laquelle elle se sert un sirop de thé noir, Marie observe Petros qui regarde les arbres chargés d'oranges. Pour se donner une contenance dans ce silence qui les unit comme un début de confidence, elle joue avec les petites clochettes du muguet, reliées par une brindille séchée dans la lumière qui décline. Après son départ, elle soupèse ses mots des nuits entières pour y trouver un sens caché.

Aujourd'hui Marie a accepté de le retrouver dans ce que la dérision irakienne a baptisé l'« Œuf de Saddam ». À l'abri de ces deux moitiés de dôme en carrelage turquoise du monument des martyrs, les couples se disputent le meilleur banc pour flirter. Mais Petros se fait attendre. Elle passe presque deux heures à épeler le nom de morts de la guerre Iran-Irak, et quand sa déception se transforme en colère, elle quitte le havre de la stèle. Dans ce monde de corps interdits, où l'on se consume d'amour pour un regard, leur histoire s'achève sans avoir commencé et sans explication.

Pour la première fois la solitude finit par lui peser, et lorsque l'annonce de l'offensive américaine la chasse de la capitale au début de l'année 2003, Marie abandonne son rêve d'indépendance et regagne avec soulagement la maison de Khidir. Elle ne reverra plus Petros, assassiné dans les rues de Bagdad, le 17 janvier, parce qu'il portait une croix autour du cou.

Top Gun

J'étais à Khazer le 25 mars 2003 pour chroniquer l'invasion américaine de l'Irak. Un village dont on ne remarquerait même pas le nom sur les cartes s'il ne s'élevait le long d'une colline dominant l'un des rares ponts qui enjambent les eaux du Grand Zab. Il est détruit chaque fois qu'il y a une guerre, c'est-à-dire souvent. Après ce pont, Mossoul est à trente-cinq kilomètres par la route goudronnée qui part sur la droite et Khidir à vingt-cinq kilomètres par le chemin de terre qui part sur la gauche.

Il faisait beau. L'herbe qui remontait les berges de la rivière était parsemée de coquelicots. Un général kurde à la moustache d'opérette marchait d'un pas vif, pendant qu'un sergent des forces spéciales américaines, qui le suivait les bras encombrés par des lance-roquettes, s'agaçait de son allure : « C'est ça, vas-y, va devant, s'ils te pointent, tu me couvriras ! » À peine le sergent avait-il fini de railler le Kurde, que des détonations ont retenti : le général de bal a dansé dans les airs avec sa moustache ; le sergent a sauté dans une tranchée. J'ai alors vu surgir d'un vent de poussière à l'horizon les blindés de l'armée irakienne et, aussitôt, dans un bruit de tempête, des chasseurs américains qui mitraillaient la plaine.

Je ne connaissais pas Marie, et je n'avais jamais entendu parler de Khidir à cette époque. Mais j'imagine en repensant à cette bataille que le bruit sourd, qui roulait jusqu'à elle par le désert, devait la terrifier. Elle m'a dit qu'à Mossoul, elle n'a jamais réussi à s'habituer au bruit des bombes. Elle aurait voulu disparaître pour ne plus subir ces explosions qui font éclater les murs et les têtes, asphyxient les maisons et tétanisent les muscles. Moi, cette fois-là, j'ai trouvé refuge dans une buse d'évacuation où stagnait un filet d'eau croupie. J'avais la gorge desséchée, et mal aux oreilles des obus qui résonnaient dans le cylindre. C'était le cinquième jour de la « guerre préventive ».

*

Concept bien insolite qu'une guerre préventive. Sans doute planait-il au-dessus de nos consciences, là-haut, avec les faucons de la Maison-Blanche qui l'avaient imaginé. Ils ne voulaient pas se venger après les attentats du 11 septembre, juraient-ils, ils voulaient encore moins piller le pétrole. Non : ils désiraient démocratiser le Moyen-Orient. Les Irakiens avaient d'ailleurs été prévenus : lors de son discours sur l'état de l'Union, l'année précédente, George Bush fils avait fait de l'Irak une composante essentielle de l'axe du mal que ses yeux, pleins de la foi des *born again* évangéliques, avaient distinctement vu apparaître sur le globe terrestre. Il affirmait sans sourire que Saddam avait transféré une partie de ses armes de destruction massive à al-Qaïda. Dans un discours radiophonique, il avait même déclaré qu'il s'agissait d'armes nucléaires.

À Bagdad, les palais, les casernes, les sièges des ministères, soufflés par des missiles assez précis, s'effondraient en mille-feuilles de pierre. L'armée irakienne, encore désarticulée par la défaite de 1991, affaiblie par l'embargo, étêtée par les purges, s'est éparpillée en quelques semaines. Mais à Mossoul, première ville sunnite d'Irak, la libération fut suivie par une révolte qui scandalisa les libérateurs, et les conduisit à tirer sur une foule qu'ils jugèrent ingrate. Il faut dire que les soldats américains n'étaient que trente pour pacifier une ville de deux millions d'habitants. Hubris de la première armée du monde, naïveté du colonel Robert Waltermeyer qui, retranché dans une base dont il n'osait plus sortir, eut devant moi cette réflexion désarmante : « Les Kurdes nous ont pourtant mis en contact avec un chef de tribu qui nous a assuré que tout irait bien. »

Dans leur moyen-orientalisme manichéen, les Américains attisèrent de nouveau la haine qui consume le pays : ils propagèrent que les sunnites étaient des fauteurs de troubles, des terroristes en puissance, tandis que les chiites étaient présentés en hommes de culture, et raisonnables au fond, en quelque sorte les protestants d'Irak, qui pourraient même favoriser l'émergence du libéralisme. Ça tombait bien puisque les Américains pensaient déjà leur vendre la reconstruction de ce qu'ils étaient en train de démolir.

George Bush fils, on l'oublie souvent, a été pilote de chasse. Grâce à son papa, il faisait des tours au-dessus du Texas pendant que les « *niggers* » et les « *rednecks* » mouraient dans les rizières du Vietnam. Le 1er mai 2003, il a sorti sa combinaison du placard pour se poser à bord d'un jet militaire sur le porte-avions à propulsion nucléaire USS *Abraham Lincoln*. Il était fier comme un général kurde d'opérette. Il y avait derrière lui une grande banderole : « *Mission accomplished* ».

*

Une bête est venue au monde ce jour-là, al-Qaïda en Irak, qui grossira, toujours plus sauvage, toujours plus dévoreuse d'hommes, et muera jusqu'à ce que pousse sur son dos une seconde tête hideuse, exigeant des hommes qu'ils se prosternent devant elle et son nom d'État islamique.

*

Dans le village de Khidir, Ahmed – l'ami d'enfance de Marie qui se consumait de désir de la voir si belle quand il fauchait les champs de son père – cet Ahmed-là a offert une planque à Malat Mahdi Amira, l'un des premiers chefs de l'insurrection sunnite à Mossoul, autour duquel gravite un groupuscule d'officiers baasistes mis à la retraite par les Américains. Désormais Ahmed plante des explosifs le long des routes où passent des Humvee. Quand il a besoin d'armes, il se rend en camionnette dans un dépôt situé au sud de Mossoul, en empruntant des chemins de traverse pour éviter les barrages militaires. Il cache ensuite ses munitions dans les fermes qui environnent Khidir. Là, au milieu des champs de courgettes jaunes, il enterre son trésor : trois vieux missiles d'hélicoptères bricolés, quelques grenades, un lance-roquettes et dix chargeurs de kalachnikov.

Ahmed roule à vive allure sur un chemin de terre qui longe des palmeraies. L'homme a les cheveux corbeau et des traits fins sur lesquels une barbe pousse trop lentement à son goût. Soudain il arrête son pick-up et s'empare dans la boîte à gants de ses jumelles pour observer deux hélicoptères qui s'approchent à l'horizon. Il se saisit du long tube déposé sur la banquette arrière et sort. Il vérifie la mire métallique de son missile sol-air guidé par infrarouge, un Strela-2 de fabrication soviétique, reproduisant les gestes que lui a enseignés le spécialiste. À cinq pas de lui, des paysannes déposent leurs ballots de dattes pour essorer leurs *abayas* trempées par les ruisseaux qui bordent les cultures. Déjà l'automne fait roussir les feuilles des arbres. Le missile part dans un sifflement de feu d'artifice et embrasse la turbine de l'un des deux hélicoptères.

*

Si Ahmed est désormais un résistant de l'ombre armée, les autres villageois de Khidir n'ont pas sa passion guerrière. Non, eux, ils organisent la résistance du quotidien, la résistance des lâches qui humilient, dénoncent, volent leur voisin sous prétexte de soutenir la lutte. Dans leur souvenir, la richesse du sacristain du monastère Saint-Behnam a depuis longtemps occulté sa générosité, et ils n'ont plus l'intention de rendre les quatre mille acres de terre qu'ils cultivaient pour les moines.

Un paralogisme séduisant a scellé leur alliance avec les islamistes : les Américains sont nos ennemis, les Américains sont chrétiens, donc les Irakiens chrétiens sont nos ennemis. Vous, la famille de Marie, dont le père a enterré nos morts, aidé nos femmes à accoucher, transporté nos enfants malades, vous êtes en réalité un corps étranger à ce pays.

Bientôt les quelques chrétiens de Khidir, que les villageois connaissent tous depuis qu'ils sont nés, sont regardés comme des collaborateurs. L'imam conclut chaque prêche du vendredi en les maudissant : « Mécréants, croisés, colonisateurs ! » Ses menaces, diffusées par les haut-parleurs fixés sur les murs extérieurs de la mosquée, courent en grésillant dans les ruelles jusqu'à la maison.

Au cœur des mois d'été, lorsque les nuits étouffantes succèdent aux journées moites, les frères et sœurs transportent leurs matelas sur le toit plat dans la bousculade et les rires. Mais cette transhumance estivale se paye à présent. À l'aube, ils découvrent une vitre brisée, des tiroirs ouverts, des armoires dévalisées. Voler les chrétiens, c'est à présent licite, l'imam l'a dit. Alors quand ils demandent à leurs voisins s'ils ont aperçu les maraudeurs, ces derniers désignent les enfants qui jouent dans la rue avec un geste du bras plus fataliste que réprobateur. Ils ont décidé de faire semblant de les croire : lorsqu'un vêtement ou une montre réapparaît sur le dos ou au poignet de l'un des voisins, ils détournent le regard.

*

À l'heure de la sieste, ce sont les soldats américains, harnachés comme des robots de science-fiction, qui fondent sur la maison. Ils escaladent les murets, arrachent les tôles ondulées du poulailler, insultent les habitants. Ils ne savent pas que la maison abrite une des trois familles chrétiennes de Khidir. Ni que la plaine de

Ninive est un berceau historique du christianisme. Ils ne savent rien, et Marie les déteste.

La famille est réveillée du sommeil poisseux d'un après-midi par le bruit de la crosse d'un M16 qui renverse un bol en étain. Les draps, qui sèchent sur un fil dans le jardin, sont foulés dans la poussière par des bottines camel. Les soldats tirent les tables, éventrent les matelas, beuglent un anglais que Marie ne comprend pas. Ils font s'agenouiller les frères à coups de pieds, les mains sur la tête, le visage contre le mur.

Le petit garçon de la bonne, assis en tailleur, sanglote en apercevant la créature menaçante, engoncée dans son gilet pare-balles sur lequel sont arrimés, à force de straps et de mousquetons, couteau, gourdin, gourde, lunettes anti-éclats et colifichets de guerre qui servent d'amulettes aux soldats. Où ce soldat se trouve-t-il ? Il n'en a pas la moindre idée. Comme au Vietnam, les Américains ont rebaptisé toutes les villes irakiennes. Dans leur cartographie, les bases qui quadrillent l'Irak ne se situent pas à Bagdad, Bassorah ou Kirkouk, mais à Fob Viper, Pale Horse ou Warrior. Autour de la maison de Marie, pas de Khidir, pas de Qaraqosh, même pas de Mossoul sur les cartes, mais des Clairborne, Diamondback ou Top Gun. Depuis que les convois par route sont devenus trop risqués, les Américains ne voyagent plus qu'en hélicoptère entre les morceaux de cette Amérique qui a sa propre chaîne d'information : Radio Freedom. Alors le jeune sergent latino, terrifié d'être dans une maison de bougnoules, enchaîne les gestes qu'on lui a appris : il pointe son arme vers les recoins du plafond et fait un tour sur lui-même avec l'allure d'un insecte prisonnier d'une carapace trop rigide.

Ménendez, c'est son nom, mais il l'a noirci à l'aide d'un feutre sur sa vareuse : tous les soldats américains pensent que les insurgés irakiens vont par vengeance envoyer à leurs familles des lettres empoisonnées à l'anthrax. Colin Powell n'a-t-il pas affirmé devant l'ONU que Saddam disposait d'un arsenal chimique ? Pourquoi mettraient-ils en doute la parole de leur général ? Alors Ménendez marmonne des prières et embrasse ses petites médailles pieuses, identiques à celles que Marie porte à son cou.

Les autres ont poursuivi la fouille, et ils trouvent évidemment des armes. Comme dans les maisons américaines, il y en a dans la plupart des maisons irakiennes. Les paras de la 101e Airborne s'en foutent et menottent les hommes de la famille. « Nous sommes chrétiens ! », crie un des frères.

*

Des Ménendez, j'en ai rencontré beaucoup. Comme le caporal Garcia avec son buste en forme de triangle et ses biceps gonflés aux stéroïdes. Sur l'un d'eux, il a fait tatouer « Rosa », le nom de sa petite amie qui l'avait quitté trois semaines après son arrivée en Irak. Lui, c'est dans l'« aspirateur à explosifs » que je l'ai croisé : un Humvee qui avait sauté deux fois en trois mois et dont les soldats pensaient qu'il portait la poisse. Il m'avait offert une portion de ces petits nounours en gélatine multicolore que lui et les autres soldats mâchaient continuellement. La journée n'en finissait pas et, machinalement, je l'avais aidé à ramasser dans un charnier des bouts de mâchoires arrachées et des morceaux de crâne où collait de la cervelle pour les mettre dans des sacs qui seraient envoyés à Bagdad en vue d'une improbable identification. J'ai encore dans les narines le relent de ce bout de désert rougi. « Si ce n'est pas l'odeur de l'enfer, alors je ne connais rien à rien », avait dit Garcia.

Il était en Irak depuis sept mois, depuis les premiers jours de la guerre. L'avant-veille de notre rencontre, l'hélicoptère Black Hawk de son meilleur ami, le sergent Acklin, âgé de vingt-cinq ans, en avait percuté un autre après qu'une roquette avait tapé dans le mille de la turbine. De la fumée noire avait dansé la ronde dans le ciel, les hélicoptères tournaient sur eux-mêmes en perdant de l'altitude, et il n'était resté que de la tôle calcinée au sol. Dix-sept morts et cinq blessés graves.

Pendant la cérémonie d'hommage, un adjudant avait fait l'appel de tous les soldats de la compagnie. Ceux qui étaient encore en vie avaient répondu à leur nom, et celui des morts avait été crié trois fois : « Sergent Acklin ! Sergent Michael Acklin ! Sergent Michael

D. Acklin ! » À sa place vide dans les rangs se tenait une paire de bottes.

*

Ahmed a été promu. Dans la hiérarchie du djihad aussi, on monte en grade. Il a quitté la région de Mossoul depuis quelques semaines pour gagner Falloujah. Falloujah, la ville des héros, le cœur et les poumons de l'insurrection sunnite depuis que ses habitants y ont carbonisé des Américains pour respirer l'air de la liberté.

Le 31 mars 2004, quatre mercenaires de la compagnie privée Blackwater, deux par véhicule, ont été attaqués à la grenade dans la grand-rue. Ils brûlaient, prisonniers du brasier de leur 4 × 4. En voyant ce spectacle, la foule s'est ruée vers eux, une masse si compacte que l'on ne distinguait même plus la couleur des *dichdachas* ni l'étoffe des châles. Une centaine de têtes ne formait plus qu'un seul corps. Et cette bête à cent têtes a arraché des flammes les quatre corps fumants des mercenaires pour les traîner dans les rues, attachés derrière une voiture, dans une mise en scène homérique.

Ce matin-là, devant les deux voitures qui continuaient de se consumer, un jeune garçon m'a raconté que deux des Américains avaient survécu à l'embuscade. « Pitié ! Pitié ! », l'enfant mimait en riant leurs supplications. Il me décrivit la faux qui, au-dessus des fourches, s'était détachée dans la lumière blanche pour les décapiter.

Ce matin-là, j'ai vu un fémur enroulé à un fil électrique et, sur le pont vert de gris qui enjambe l'Euphrate, deux hommes désarticulés, pendus jambes par-dessus tête. À côté de leurs cadavres, des gosses posaient pour la postérité avec des sourires aussi triomphants que s'ils venaient de marquer un but dans la cour de l'école. Quand ils les ont décrochés, les hommes ont fait cercle autour du charbon des corps, et une cérémonie paisible a commencé. Pas un cri, pas une exclamation, à peine si quelques-uns chantonnaient pendant qu'ils se tranchaient un morceau de souvenir. On imagine toujours un lynchage dans l'hystérie et la transe ; ici régnait un silence d'incantation.

Pendant cinq jours, aucun hélicoptère n'a survolé la ville, aucun char n'y est entré, personne n'est venu récupérer les restes qui se désagrégeaient au fond du fleuve. On n'abandonne aucun Américain sur le terrain, blessé ou mort, dit pourtant le slogan. Manifestement ce devoir ne s'appliquait pas aux mercenaires payés par le gouvernement.

Quand même ce fut le 5 avril 2004, et les Américains vitrifièrent Falloujah. Ils ont envahi la ville et ils ont tué chaque homme, chaque femme, chaque enfant qu'ils ont croisé, jusqu'aux chiens qui erraient dans les rues. Les cadavres qui s'amoncelaient sur les trottoirs s'ajoutaient au tas de ceux qui pourrissaient sur les perrons.

Des centaines de civils irakiens ont été massacrés pour laver le sang de quatre mercenaires. Puis des milliers quand l'opération s'est muée en « Fureur fantôme ».

Ahmed est mort ces jours-là. Mais l'obscène équation de l'armée américaine a révulsé toutes les mosquées du pays, et bien des vocations de djihadistes sont alors nées pour remplacer les résistants de la première heure.

*

Les Américains ont troqué leur casque contre des bérets. Désormais lorsqu'ils entrent dans Khidir et que les enfants, imitant les petits Palestiniens qu'ils voient sur Al Jazeera, lancent des pierres sur leurs chars, les soldats de la 101e prennent à leur tour des lance-pierres et jouent à la guerre, tout en leur distribuant des bonbons. Marie s'est beaucoup amusée en me racontant cette scène.

Cela a un nom qu'elle ignore dans la tactique américaine : « Gagner les cœurs et les esprits. » C'est ainsi que le général qui commandait dans la région de Mossoul, David Petraeus, critique de la manière dont ses compatriotes menaient l'invasion, avait encouragé ses hommes à nouer des contacts avec la population. Je l'ai vu sangloter sans retenue lors de la cérémonie d'hommage au sergent Acklin. Plus tard, il deviendra le commandant en chef de la coalition en Irak, ensuite en Afghanistan, et finalement directeur de la CIA, avant qu'une femme, qui n'était pas son épouse et dont il avait aussi gagné le cœur, ne fasse exploser sa carrière comme un hélicoptère en plein vol.

*

Marie et sa sœur Fabiola vivent désormais seules au village : leur mère est morte un peu avant le début de la guerre et elles sont les dernières célibataires de la famille. Marie a vingt-six ans. Les deux autres familles chrétiennes sont aussi parties. Il ne leur reste plus que les deux moines du monastère Saint-Behnam chez qui se réfugier.

Avec le temps les barbes deviennent plus longues à Khidir, les pillages par les bandes des environs plus fréquents, et les islamistes connaissent le chemin de la maison. Quand, en 2005, éclate au Danemark l'affaire des caricatures du prophète Mahomet, un de ces fanatiques déboule chez les deux sœurs, et leur demande l'arme à la main de condamner des dessins dont elles n'ont jamais entendu parler.

Meurtres à Ninive

Accroupi, la tête enfouie entre ses bras croisés, l'homme n'est plus qu'une boule de douleur. Il les a tous examinés, un à un. Mais il ne l'a pas trouvé. Il est pourtant certain que son frère est ici puisqu'il était au marché en cette fin de soirée de ramadan. S'il était en vie, il serait revenu à la maison, ou il lui aurait téléphoné pour le rassurer.

Au printemps 2005, l'explosion d'une camionnette remplie de deux cent cinquante kilogrammes d'explosifs a pulvérisé un magasin de parfums de Karrada, le quartier où Marie vivait durant ses études. L'air est longtemps resté saturé d'un mélange de lavande, de patchouli et de chair grillée. Un jour ordinaire à Bagdad.

Pas pour cet homme qui pleure dans un coin. Son désespoir finit par attendrir un croque-mort qui tape sur son épaule et l'invite à le suivre dans la salle froide. Il y découvre des troncs éventrés d'où sortent des viscères, des bouts de bras, des demi-pieds. L'autre lui propose de se servir : de toute façon plus aucune identification n'est possible, lui dit-il ; il n'a qu'à reconstituer un corps, et l'enterrer comme si c'était celui de son frère.

L'écrivain Ibrahim Saadawi a assisté à cette scène dans une des morgues de Bagdad. Peu de temps après, il imagine dans un roman avoir suivi dans les rues un chiffonnier qui, au lieu de loques, ramasse et jette dans sa charrette des lambeaux de chair : ici des doigts sectionnés et une cuisse écorchée, là-bas une tête trouée à la perceuse, plus loin un buste rongé par un bain d'acide. Le chiffonnier ramène le tas chez lui et, dans une arrière-pièce, à l'abri des regards, il coud les fragments pour donner naissance au Frankenstein de Bagdad qui va venger les suppliciés qui le composent.

*

Après son mariage, Pascale s'est installée chez Marc à Bagdad. Six cent mille chrétiens vivaient dans la capitale. Le jeune couple les a vus peu à peu quitter la ville, atterrés d'être tabassés sous le comptoir de leur commerce, de recevoir dans la boîte aux lettres la vidéo du viol de leur fille ou de se voir assassinés pendant qu'ils priaient à l'église. Lorsqu'en 2006 les islamistes ont incendié leur distillerie, puis leur maison, Pascale et Marc n'avaient plus vraiment de raison de rester à

Bagdad et eux aussi sont partis. Ils ont trouvé refuge à Qaraqosh, et même si Marie compatit au malheur de sa sœur préférée, elle se sent moins seule dans la maison de Khidir en la sachant tout près.

*

À Mossoul aussi, pour les chrétiens, tout a commencé par des mesures vexatoires : des insultes lancées à l'homme qui marche dans la rue, un crachat sur la femme qui se tient sur le pas de sa porte, quelques cailloux jetés aux écoliers, des pancartes interdisant aux étudiants l'accès aux auditoires, les voisins qui balancent les ordures dans leurs jardins, puis, comme à Bagdad, les magasins qui brûlent, les églises que ciblent des roquettes.

Bientôt un chef de quartier vient rendre visite pour expliquer qu'il peut protéger la famille contre un bakchich. Non, jure-t-il, rien à voir avec la *djizîa* imposée aux soumis, juste une petite rémunération entre amis pour service rendu. Un jour, il murmure qu'il a appris qu'un enlèvement se prépare, mais qu'il croit pouvoir tout arranger contre un peu plus d'argent. Après tout les chrétiens sont riches comme des juifs, leur lance-t-il avec un clin d'œil. Alors vient le temps des rapts, accompagnés d'un mot : « Payez la rançon ou on l'égorge comme un mouton. »

En mars 2006, une enveloppe est glissée sous les portes : elle contient une balle de 7.65. Puisque les chrétiens ne se résolvent toujours pas à quitter cette ville dans laquelle ils vivent depuis mille six cents ans, les islamistes joignent l'acte à la parole : Fadi Hanani Aolo, treize ans, électrocuté ; Afram Yacoub, quatorze ans, lapidé ; Fadi Shimoun, quinze ans, retrouvé sans tête ; Evan Enwiya, quinze ans, assassiné sur le pas de sa porte ; Lena Karash, seize ans, s'est jetée du quatrième étage plutôt que d'être violée par les hommes qui forcent la porte de l'appartement familial ; Ziyad Kamal, handicapé moteur, criblé de balles dans son fauteuil roulant ; Khaled Boulos et son frère Hani, mitraillés dans la rue ; Ghassan Fahmi, fusillé ; Raghid Aziz Ganni, un prêtre de trente-cinq ans, victime d'une rafale alors qu'il sort de l'église du Saint-Esprit ; Evan Giwargis Zaïa, exécuté devant sa femme ; Hazim Toma Yousif, une balle dans la tête dans le souk ; Amjad Petros et son fils Housam, battus à mort sur un chantier ; Warkis et son neveu Ara, tués dans leur boutique ; Jallal Moussa, un médecin de trente-huit ans, abattu devant son domicile dans le quartier al-Nour ; Paul Iskender, un père de quatre enfants, décapité, puis sa tête mise dans un bocal pour que son sang ne souille pas la terre d'islam ; Lamia et Walaa, deux sœurs, poignardées ; Smaïl, un juge, et Sanae, un député, deux amis de Yohanna, assassinés chacun à leur tour sur le pas de leur porte ; Faraj Rahho, archevêque de

Mossoul, soixante-cinq ans, torturé à mort et jeté à la sortie de la ville dans un terrain vague où les nomades ramassent les ordures.

Dans le décompte infini des morts en Irak, chacun avait un nom et chacun avait un visage. Il y a une foule de cadavres que je ne connais pas, couleur fraise des bois, étendus sur le sable que caressent les eaux du Tigre : il y en a mille cent trente et un.

Le 2 octobre 2008, une organisation baptisée « Émirat islamique en Irak » placarde cette affiche dans les rues : « Afin de faire respecter les préceptes de la religion islamique en terre d'islam et de mettre un terme à l'apostasie, nous décrétons que les familles chrétiennes de Mossoul doivent se convertir à la vraie religion, ou elles doivent payer un impôt, ou bien abandonner leurs maisons. Chaque famille doit donner une fille en mariage à un combattant musulman afin de donner l'exemple aux autres femmes chrétiennes pour qu'elles se convertissent. Ceux qui enfreignent les lois de la *charia* en supporteront les conséquences. »

Dans les jours qui suivent, deux mille trois cents familles chrétiennes quittent la ville. Marie les voit passer sur la route qui relie Mossoul à Khidir et Qaraqosh.

La malédiction du Calife

Plus personne n'a vu son visage depuis qu'il a été photographié dans une veste de costume anthracite, cravate blanche à rayures sombres, endimanché dans son air d'instituteur.

Le convoi de 4×4 noirs aux vitres teintées surgit dans les ruelles du vieux Mossoul, repoussant contre les murs les charrettes des vendeurs de fruits secs et les femmes chargées de leurs cabas. Des soldats armés sautent hors des voitures à la manière des gardes du corps du président des États-Unis. Ils savent que c'est aujourd'hui la fête nationale américaine, l'*Independence Day*. La caméra de propagande qui filme la naissance du Califat frôle les briques ocre jaune du célèbre minaret, deux palmiers aux feuilles vert bouteille, puis la façade de la mosquée recouverte de ce béton sale qui défigure toutes les villes irakiennes.

Les fidèles attendent à l'intérieur. Dans le quartier, le réseau téléphonique a été brouillé et la connexion Internet coupée. Est-ce lui qui arrive ? Celui dont le nom a été balbutié dans les alcôves par des femmes surprises de leur audace, porté par des imams dans les plis de leur vêtement, sifflé comme une menace par les lâches, comme un viatique par les opportunistes ?

Il pénètre dans la mosquée et claudique jusqu'au *minbar*, qu'il gravit en s'arrêtant à chaque marche, le bras droit immobile le long du corps, à la manière d'un hémiplégique qui cacherait une kalachnikov sous son manteau. Tous détaillent sa physionomie, sa longue barbe parsemée de fils gris, le turban noir qui élève ce fils d'une famille rurale insignifiante au rang de prétendu descendant du Prophète, l'embonpoint qui rebondit sous sa *dichdacha* et qui fait envie en ces temps de pénurie. Le bureau de la propagande n'a pas pensé à tous les détails : le bourdonnement des ventilateurs dissipe la solennité de l'instant et le microphone brise l'alignement des traits de son visage avec les ogives de pierre de la salle de prière. L'homme nettoie ses dents avec un bâtonnet de bois d'arak, et cette familiarité finit d'établir la certitude qu'il est le maître de la ville.

Nous sommes le 4 juillet 2014, dans la grande mosquée al-Nouri, et Abou Bakr al-Baghdadi annonce, dans un arabe dont il prolonge chaque déclinaison classique d'une érudition caricaturale, que « le temps des lamentations et des plaintes est révolu, et l'aube de la puissance en train de se lever ». Son index est brandi vers le ciel. C'est le doigt du *tawhid* qui symbolise l'unicité de Dieu et qui deviendra rapidement la version djihadiste du *like* de Facebook. « La bannière de l'État islamique flotte et étend son ombre d'Alep à Diyala, les frontières ont été détruites. Les musulmans ont la puissance et les mécréants ont l'humiliation. Les croix ont été brisées. La terre, aujourd'hui, est soumise à l'autorité du Calife. »

*

Marie a trente-cinq ans et elle n'est toujours pas mariée. En septembre, à la rentrée scolaire, elle ira enseigner l'anglais au lycée de Qaraqosh. La vie d'une femme moderne, se dit-elle pour se rassurer. Longtemps elle est restée fidèle à Petros. J'ai pourtant compris qu'il y a eu un autre homme, une autre ébauche d'histoire. « Je t'expliquerai plus tard », a-t-elle murmuré, en regardant Yohanna, assis à côté de nous. Je n'ai finalement pas eu le cœur de lui faire raconter son dernier amour, d'en abîmer le souvenir dans la ronde des hommes qui arrivent.

Le 10 juin, en même temps qu'ils entrent dans Mossoul, les djihadistes fracassent la porte de la maison de Khidir. Ni les Français ni les Américains n'ont eu le courage d'envoyer leurs Rafales et leurs F-35 mitrailler la petite troupe en pantacourt qui avançait dans le désert à dos de pick-up comme une horde mongole.

Le jeune radicalisé européen rit dans sa chambre en visionnant sur son smartphone les soldats irakiens égarés qui trébuchent, avant de se faire écraser sous les roues de leurs pick-up. D'autant que l'État islamique ne manque jamais d'ajouter aux vidéos un fond de psalmodies monophoniques arabes qui donne une dimension épique à ses massacres et à ses assassinats. Le djihad commence bien, se dit-il, en reprenant une poignée de chips.

Marie m'a dit qu'elle n'est même plus étonnée de reconnaître parmi les visages hirsutes des hommes qui pénètrent chez elle des habitants du village. Ce sont d'ailleurs les premiers à cracher au visage des deux femmes. Et voilà qu'ils se servent dans cette maison qu'ils connaissent bien et dont ils ont toujours envié le luxe dérisoire. Par ici les canapés de cuir mauve, et le confortable matelas, et puis aussi cette armoire qui déborde de vaisselle. Il y en a même un pour emporter les brosses à cheveux des sœurs. « Les gens qui nous servaient sont devenus nos bourreaux », a-t-elle conclu.

*

À présent qu'ils parcourent les avenues de Mossoul, les djihadistes rassurent la population de leurs voix déformées par les haut-parleurs posés sur le toit de leurs voitures : « Tout va bien se passer. » L'État islamique va laver l'honneur perdu des sunnites, en finir avec la corruption et les vexations du gouvernement de Bagdad : tout irait bien ; tout allait déjà mieux. Sauf bien sûr pour les chiites qu'ils alignent le long de fosses et qu'ils exécutent d'une balle dans la nuque. Sauf pour les derniers chrétiens dont ils confisquent les biens et à qui ils imposent le statut de *dhimmis*, que l'on traduit avec une étrange pudeur par « protégé » plutôt que par « discriminé ».

Il reste trente-cinq mille chrétiens à Mossoul. Et ils se sentent si bien protégés qu'ils sont déjà en train de vider les tiroirs des commodes à la recherche des bijoux de famille, les mains tremblantes de vouloir aller trop vite, car il faut encore bourrer de vêtements le coffre de la voiture, accrocher un matelas sur le toit, et partir sans se retourner.

Au check-point qui marque la sortie de la ville, les soldats et leurs collaborateurs délestent les hommes de leur portefeuille, confisquent les vêtements entassés dans le coffre, font glisser les bracelets du poignet des femmes et arrachent les boucles d'oreilles en déchirant les lobes. À l'une d'elles qui peine à retirer son alliance, ils disent que si elle ne se dépêche pas, ils lui trancheront le doigt. Sa nièce lui arrache la bague d'un coup sec, la femme hurle de douleur autant que de peur en voyant un soldat s'approcher d'elle une hache à la main.

La plupart se réfugient à Qaraqosh, distante de vingt-cinq kilomètres par la route qui longe les ruines de l'antique cité assyrienne de Nimroud, où les hommes de l'État islamique s'affairent déjà à poser des explosifs pour le pulvériser. Marie voit passer les derniers réfugiés comme elle avait vu passer le premier exode six ans plus tôt.

*

Le 17 juillet, les soldats du Califat montent au monastère Saint-Behnam pour parler aux deux moines. Ils ne leur manifestent pas la déférence que les Irakiens réservent généralement aux hommes de Dieu, mais ils n'accompagnent pas non plus leurs paroles d'une violence excessive quand ils leur proposent de partir ou de mourir. Et les deux chrétiennes, en bas, dans le village ? demande le père Yacoub. Elles pourront partir avec eux.

Marie et Fabiola sont soulagées, au fond, que le choix ait été fait à leur place. Elles se préparent pendant que le père Yacoub achève un dernier travail : casser un pan de mur dans l'ombre du mausolée, y déposer cinq cent quarante-cinq manuscrits précieux, des parchemins vieux pour certains du XIIIe siècle, afin qu'ils ne tombent pas entre les mains de ces fanatiques, qui les déchireront, il en est sûr, qui en feront du feu. Yacoub rebouche le mur, fait un signe de croix et croise les doigts.

Au check-point planté au milieu de la route qui va de Khidir à Qaraqosh, les militants de l'État islamique laissent passer la voiture des moines sans même interroger leurs passagères. Marie et Fabiola se présentent chez Pascale, qui lève les yeux au ciel en apercevant ses sœurs dans l'embrasure de la porte.

La nuit du 6 août

David, six ans, et Milad, neuf ans, ont voulu aider leur maman. Depuis que Qaraqosh est encerclée par l'armée du Califat, l'eau courante est coupée, et il fait une chaleur de serre en ce début de mois d'août. Alors les deux enfants sont sortis avec leur seau pour aller chercher de l'eau dans le puits du champ qui longe la maison. Anaam, trente-deux ans, est déjà là. Elle va se marier dans une dizaine de jours, mais elle s'est disputée avec son fiancé ; encore une histoire de famille sans doute. Quand on a le vague à l'âme en Irak, il n'y a pas de mer à contempler, seulement ces grandes plaines qui brûlent jusqu'à l'horizon. Après s'être désaltérée, elle s'est assoupie dans ses cheveux noirs au pied d'un olivier. Les deux garçons, qui jouent autant qu'ils puisent de l'eau, ne la remarquent même pas.

La maison de mon ami Evan se trouve à une centaine de mètres de là. Il observe depuis plusieurs nuits la plaine s'illuminer de coups de feu, et les mortiers comme des étoiles filantes. Ce matin, il voit quelques centaines de musulmans, venus des villages voisins, se masser derrière les djihadistes pour les encourager à donner l'assaut, parce qu'ils n'en peuvent plus d'attendre de piller la ville de ces chrétiens dont ils fantasment l'or.

Dans la cathédrale de la Vierge Marie, l'évêque de Qaraqosh rassure les fidèles. Il leur annonce qu'il a négocié la sécurité de la ville avec les émirs de l'État islamique et avec les généraux kurdes : les émirs lui ont juré qu'ils n'attaqueront pas, tandis que les généraux lui ont promis qu'ils défendront la position. Tout à coup, il change de registre, et c'est comme si l'encens qui flotte dans la nef sortait de sa bouche lorsqu'il se met à réciter les paroles de Jésus : « Observez les corbeaux : ils ne font ni semailles ni moisson, ils n'ont ni réserves ni greniers, et Dieu les nourrit. Vous valez tellement plus que les oiseaux ! D'ailleurs qui d'entre vous, en se faisant du souci, peut ajouter une coudée à la longueur de sa vie ? Ne cherchez donc pas ce que vous allez manger et boire ; ne soyez pas anxieux. »

Ce mercredi 6 août, l'Église fête la Transfiguration, c'est-à-dire la modification de l'apparence corporelle de Jésus durant un court instant de sa vie terrestre, et cette lecture ne figure pas au programme du missel. Les chrétiens les plus bigots, qui croient qu'il est juste et bon de remettre le destin de leurs âmes entre les mains jointes des prêtres, ne doutent plus en entendant l'évêque qu'il faut aussi lui confier la survie de leurs corps. Et pour délivrer définitivement ses ouailles de la tentation de se sauver, il leur fait honte : « Vous les chrétiens de Qaraqosh, vous êtes des lâches ! Vous voulez fuir la ville alors que des peshmergas kurdes, des musulmans, risquent leur vie pour vous protéger ! »

Qaraqosh est une localité de cinquante mille habitants, jetée au milieu du désert, organisée en cercles concentriques que traverse une large avenue aux bâtiments massifs. Cette partie de la ville, la plus importante, ne ressemble en rien à ces marchés moyen-orientaux faits de venelles entrelacées où, dès qu'on les évoque, l'imagination se met à vagabonder. Il ne subsiste ici qu'un réduit de centre historique avec des maisons aux murs de pierres plates mal cimentées et aux fenêtres étroites qui sacrifient la lumière à la fraîcheur. Mais il n'y a plus que les pauvres qui vivent là. Les autres habitent désormais dans des maisons au kitsch néobabylonien sorti de la vision d'un architecte à l'esthétique de Bédouin soviétique. Le style Saddam Hussein. Dans leurs jardins clos de murs, ces maisons ont toutes une large porte d'entrée, un étage, un balcon et un toit-terrasse. C'est cette ville, sans défense naturelle, sans force armée, déjà encerclée par les soldats du Califat, dont l'évêque est en train de garantir la sécurité.

*

Que restait-il des corps de David et Milad quand leurs parents les ont ramassés dans leurs bras ? Anaam gît pelotonnée sous l'arbre. Elle dort. À peine si l'on peut distinguer le sang qui trempe son chemisier rouge satin. Il est 10 heures du matin, et les mortiers que tirent les djihadistes touchent les premières maisons de Qaraqosh.

Mes amis m'ont montré les images des funérailles qui se sont déroulées aussitôt. Les cercueils, posés sur des camionnettes, sont entourés par une foule qui tend ses bras comme si elle voulait les porter au ciel. Chacun pleure. Chacun réfléchit déjà aux affaires qu'il va emporter, à celles qu'il pourra enterrer dans le jardin ou dissimuler sous un faux-plafond. Que commande la survie ? De glisser dans ses poches autant d'argent qu'elles peuvent en contenir ? De remplir sa valise de vêtements ? Ou plutôt de médicaments et de nourriture pour un voyage dont on ne peut pas prédire s'il finira un jour ? Et que faire des souvenirs, des photographies, des livres ?

Quand la dernière pelletée de terre est jetée sur les tombes, chacun se précipite chez lui. Yohanna m'a dit avoir pensé que c'était la fin, sans que je ne comprenne s'il faisait allusion à sa vie à Qaraqosh ou à la survie des chrétiens en Irak. Il emploie souvent cette expression syriaque, tristement poétique et parfaitement irrévocable quand il la traduit en français : « Toute chose est finie. »

Assises autour de la table de la cuisine, Marie et ses deux sœurs voient par la fenêtre les voisins s'enfuir les uns après les autres. Agacée, Pascale se lève pour fermer les rideaux avant de se resservir une tasse de café. Marc, son mari, a quitté hier soir Qaraqosh pour s'installer à Ankawa, le quartier chrétien d'Erbil, où il a trouvé un appartement à louer pour mettre les enfants en sécurité. Il a bien essayé de la convaincre de partir à sa place pendant que lui resterait pour surveiller leur propriété, mais Pascale lui a signalé qu'elle n'avait aucune intention d'abandonner sa nouvelle habitation : elle vient à peine de finir de la meubler. Elle n'a pas oublié sa maison ni son commerce de Bagdad qui ont flambé en 2006. Elle s'est juré qu'elle ne s'enfuirait plus. Quand Marc a pris sa main, elle a ri du rire d'une femme qui méprise un homme : c'est un lâche, jamais il ne l'a protégée, jamais, lui a-t-elle jeté au visage.

Le jour durant, Qaraqosh se vide. Pascale continue d'ignorer ce peuple qui fuit. D'ailleurs l'évêque l'a dit : les chrétiens ne risquent rien.

À 3 heures du matin, Yohanna est chez l'évêque. Il lui dit qu'il faut partir, que « toute chose est finie ». Le prélat appelle quand même le bureau de Barzani, le président autocrate de la région autonome du Kurdistan, qui lui confirme sans se perdre en diplomatie ce que tous savent déjà : les peshmergas ont décampé de la ville.

Aux premières lueurs du jour, Marie observe depuis la fenêtre de sa chambre les enfants des villages voisins desceller les bonbonnes de gaz qui alimentent les cuisinières. Debout sur un pick-up, un homme cagoulé balaie la rue avec le canon de sa mitrailleuse.

*

Marie n'est jamais parvenue à m'expliquer pourquoi elle ne s'est pas enfuie. Parfois elle me disait avoir cru que les mortiers allaient cesser de tomber comme la pluie et que les djihadistes s'évaporeraient comme la rosée dans la plaine fumante. Parfois elle m'assurait avoir suivi les consignes de l'évêque qu'elle n'avait pourtant pas entendues. Alors elle s'emportait violemment contre lui : il aurait dû sonner les cloches, ordonner à chacun de partir, la prendre par la main comme une enfant pour la sauver. Il lui arrivait aussi d'être saisie d'une bouffée d'orgueil et de me rabrouer sèchement : « Pourquoi serais-je partie vivre comme une SDF à Ankawa ? Aurais-je dû vivre sous une tente, dans la promiscuité ? Je mérite mieux que cela… » Plus rarement, elle avançait d'une voix plaintive qu'elle n'avait pas d'époux, nulle part où aller. Mais le plus souvent elle accusait Pascale : « C'est ça, c'est la faute de Pascale, qui ne voulait pas partir à cause de sa maison. » Marie répétait tout le temps en se tordant les mains : « Mais pourquoi, pauvre folle, ne me suis-je pas enfuie ? J'aurais dû rattraper les autres. Pourquoi ne suis-je pas montée dans une voiture ? Pourquoi n'ai-je pas couru sur la route ? »

*

Les rues de Qaraqosh sont jonchées de valises ouvertes qui n'ont pas trouvé de place dans les voitures, de poussettes d'enfants, de chaussures dépareillées, de livres tombés des mains, de linges qui roulent dans le vent et la poussière. Il n'y a plus ni électricité, ni eau. Dieu merci, soupire Pascale, après avoir ouvert chaque placard, il reste quelques conserves.

Les jours passent et les sœurs vivent une vie de recluses. Le peu de ce qu'elles devinent derrière les rideaux tirés les terrorise. Qaraqosh s'est transformée en une gigantesque foire au troc où les djihadistes se servent en vêtements et en meubles. Quand ils ont fini d'emporter ce qui les intéresse, ils commencent à brûler les maisons. Leurs produits chimiques attisent les flammes en une boule de feu qui colle au plafond avant de retomber en coulures de suie visqueuse sur les murs. Un fumet âcre pénètre chez les sœurs malgré leurs fenêtres calfeutrées. C'est un message : l'Irak doit être purifié des chrétiens ; même si nous perdons la guerre, vous ne reviendrez pas. Deux ans après ces incendies, je ne pouvais toujours pas entrer dans ces maisons sans me couvrir le visage d'un masque ou d'un foulard.

Un matin, les soldats arrivent à la hauteur de leur porte et emmènent les sœurs, sans se sentir obligés de leur donner la moindre explication.

*

Le dispensaire de Qaraqosh est un bâtiment rectangulaire au carrelage blanc hôpital maculé de crasse. Les vieux et les handicapés, enroulés dans leurs châles, se sont allongés à même le sol. Les femmes blotties contre leurs enfants ne leur prêtent pas attention. Les sœurs, elles, sont restées debout pour guetter ce qui se passe dans la cour. Sont là tous ceux qui n'ont pas pu fuir la nuit du 6 août. Il y avait une cinquantaine d'hommes et une cinquantaine de femmes, m'a dit Marie. Ils étaient quatre-vingt-quatorze selon la liste dressée par Yohanna.

Vers 10 heures du soir, les soldats séparent les femmes et les enfants, des hommes et des handicapés. Pour les femmes et les enfants, c'est direction le fond du couloir et la grande chambre collective mal repeinte aux lits en fer-blanc sans matelas. Quant aux hommes que les soldats emmènent dehors, la plupart seront exécutés dans les heures et les jours qui viennent.

Dans la pièce des femmes, à côté de Marie, il y a Christina sur les genoux de sa mère Aïda, et Suzana qui pleure parce qu'elle a eu la malchance de plaire aux soldats pendant qu'ils l'escortaient avec son mari jusqu'au dispensaire. Lui leur a sèchement rappelé qu'elle n'était pas célibataire. Eux ont ri, et pour régler le problème, ils l'ont entraîné derrière un mur. Aujourd'hui encore Suzana ne veut toujours pas admettre sa mort : elle n'a pas vu son cadavre, il est disparu, disparu, m'a-t-elle dit.

Samira n'est pas dans cette pièce. Elle est restée sur la toiture plate de sa maison. Les djihadistes lui ont lié les mains et les pieds avant de la violer chacun à leur tour. Puis ils l'ont laissée là, attachée, cuire sous le soleil. Lors de la libération de la ville, j'ai vu les soldats chrétiens du 13e régiment d'infanterie NPU, que je suivais alors, enterrer son squelette devant la maison.

Les femmes se sont couchées contre la porte. Ça n'empêche pas un gros, vers 2 heures du matin, de l'enfoncer et de distribuer des coups de pied à celles qui lui barrent encore le chemin. « C'est une inspection ! Vous allez chacune à votre tour passer dans la chambre d'à côté ! »

Quand vient le tour de Marie, le soldat lui retire tous ses vêtements, tous ses vêtements, m'a-t-elle répété, en enfouissant son visage entre ses mains. Chaque mère, chaque femme, chaque fille est passée par cette chambre.

À l'aube, les soldats viennent chercher un premier groupe de femmes pour les conduire dans la cour où les vieillards et les handicapés ont déjà été rassemblés. Elles sont les chanceuses, les plus vieilles, les plus laides, bientôt elles seront libres. Aïda, parce qu'elle est sèche et noire comme un pruneau, fait partie du lot. Ils étaient trente-deux, m'a-t-elle précisé quand je lui ai rendu visite dans le conteneur en tôle ondulée pour réfugiés dans lequel elle vivait à Ankawa.

Aïda monte dans le bus aux vitres opaques de poussière et assied Christina sur ses genoux ; il fait chaud, la petite fille de trois ans s'est endormie sur sa poitrine. À la sortie de la ville, au dernier check-point, trois hommes de l'État islamique montent à bord. Fadel, un musulman de Qaraqosh, avance de rangée en rangée en inspectant chaque visage. Il s'arrête devant Christina. Il caresse les cheveux roux de la petite fille. Il sourit. Il pense qu'il pourrait la donner à son frère, qui est stérile, et arrache l'enfant de sa mère. Aïda rampe jusqu'aux pieds de l'émir, supplie, c'est sa petite fille, comprend-il ? Lui repousse cette femme dont il n'entend ni les cris ni les pleurs : il ne parle pas l'arabe, c'est un Européen. Le bus redémarre pendant que Christina s'éloigne dans les bras de Fadel.

Le lendemain après-midi, les soldats conduisent le dernier groupe de femmes dans la cour. Ils les poussent dans des voitures qui démarrent dans un nuage de gravats. Christina part avec Suzana ; Marie et ses deux sœurs prennent place dans la voiture suivante. Et comme si elles partaient en excursion, le chauffeur leur lance : « En route pour Mossoul ! » Il s'appelle Issa, c'est-à-dire Jésus.

Le vieil imam

Avec ses salons d'apparat, meublés de tapis persans et de divans qui font le tour de la pièce, la maison d'esclaves de Mossoul dénonce au premier coup d'œil la spoliation d'un notable du quartier al-Hadba. Ce sont à présent des combattants en uniforme, équipés de talkies-walkies crépitants, qui y vivent.

Marie, Pascale et Fabiola sont emmenées à l'étage, dans une pièce nue où se recroquevillent cinquante yézidies. Originaires des montagnes du Nord, elles parlent entre elles un dialecte kurde que les trois sœurs ne comprennent pas, et rendent à Dieu un ancien culte, une sorte de zoroastrisme mâtiné de soufisme, que les chrétiennes jugent étrange. C'est là que Marie va croiser Nadia Murad, qui recevra le prix Nobel de la paix en 2018, mais qui n'était alors qu'un butin de guerre capturé parmi d'autres dans le Sinjar.

À la nuit tombée, des hommes viennent se servir chez les yézidies. Ils achètent les plus jeunes, il y en aura de nouvelles demain, ou empruntent en attendant les moins belles, les moins chères. Certaines portent deux estafilades, une par poignet, un espoir déçu d'en finir. D'autres se noircissent le visage pour ne pas être choisies. Quel physique, quelle infirmité pour échapper à la sordide élection ? Toutes se posent la question, inutile, puisque toutes seront partagées, échangées, revendues, noyées dans l'insatiable concupiscence des soldats.

Aux chrétiennes, il n'est encore rien arrivé. Tous les soirs un homme important, un *wali* en cheveux blancs et sandales, vient inspecter la maison. Et tous les soirs, à Marie qui le presse de questions, il ment par perversité, ou tout simplement pour la faire taire : « Demain, tu seras libre. »

*

C'est dans la fournaise d'un matin de septembre que les djihadistes reconduisent les trois sœurs à Qaraqosh. Pourquoi revenir à Qaraqosh ? Marie l'ignore. Trois yézidies les accompagnent. Elles sortent de la camionnette pour être aussitôt enfermées au deuxième étage d'une garderie d'enfants désaffectée. Un émir à la peau noire surnommé *al-damawi*, le sanguinaire, ordonne à ses hommes de les séparer : les chrétiennes dans une pièce, les yézidies dans une autre. On ne mélange pas les femmes cultivées du Livre avec les paysannes sataniques des montagnes.

Marie a beau avoir trente-cinq ans et être périmée sur un marché saturé par de très jeunes yézidies, sa religion compense largement son âge aux yeux des djihadistes. Les chrétiennes sont des perles rares, la part réservée des chefs et des alliés les plus méritants. Marie ne sait pas cela, et elle n'imagine pas non plus que la couleur de ses cheveux blonds exaspère le désir de ses geôliers : chrétienne, blonde, c'est un joyau.

C'est là qu'un soir, deux soldats à la taille épaisse font irruption dans la pièce, escortant Hadj Abou Ahmed al-Charia, son premier violeur. Marie a insisté sur son nom. Pour qu'il soit gravé sans pardon, a-t-elle ajouté. Le saint homme s'est mis au service du Califat sitôt Mossoul conquise, et si les *sabiya*, selon leur âge et leur beauté, valent de 2 à 15 000 dollars, pour l'imam, c'est cadeau.

Pendant que le vieil homme subit les coups de griffes de Marie et s'épuise à la traîner derrière lui, les soldats emmènent Pascale et Fabiola. La honte des trois femmes est si forte qu'elles n'échangent pas une parole, pas un regard. Surtout ne pas évoquer le sort qui les attend, ne pas s'inquiéter de ce qui va arriver aux deux autres, pour mieux faire semblant d'oublier sa propre histoire et préserver le secret qu'elles n'avoueront à personne.

*

J'ai rencontré Pascale en mars 2017, autour d'une tasse de thé noir, dans le quartier des réfugiés d'Ankawa. Marc, cheveux rasés et bouc sévère, faisait les cent pas autour de nous. Je n'osais pas croiser son regard de mari, et tout compte fait je ne voulais déjà plus interroger sa femme. Pourtant c'est lui qui a fini par l'encourager : « Tu devrais lui parler. »

Alors Pascale s'est mise à me raconter une étrange histoire : elle et Fabiola, contrairement à Marie, auraient été emmenées par les deux soldats sans subir la moindre violence, et sur le chemin, miracle ! elles auraient rencontré des musulmans, des vieux amis d'enfance qui les auraient libérées. Marie, dans la brutalité qu'elle affectait parfois, m'a dit qu'ils les ont plutôt rachetées, des anciens serviteurs, précisait-elle avec dégoût, qu'ils en ont joui et qu'ils s'en sont débarrassés. « Chacune a été violée », insista-t-elle, comme si je n'avais pas compris, décidée à ne plus respecter le pacte du silence qui liait les sœurs. La famille ne lui pardonnera jamais cette confession qui l'entraîne dans son « déshonneur ».

J'ai demandé à Pascale si elle connaissait l'histoire de Marie. « Non, je ne la connais pas. » Un silence, et elle a ajouté : « Mais bien sûr, tu sais que je mens. »

*

Dans la maison vide où les deux soldats l'ont laissée seule avec l'imam, le sang de Marie n'arrête pas de couler. « C'est ce que doivent subir toutes les filles d'Ève », lui dit le vieil homme à travers la porte de la salle de bain où elle s'est réfugiée. Il triomphe d'avoir retrouvé sa vigueur grâce à sa pilule de Viagra. Il est dans son bon droit de citoyen de l'État islamique, et même dans son rôle d'imam salafiste : comme il consomme de la viande animale vidée de son sang, il a vidé la jeune vierge et l'a purifiée de son âme animale. « On immole la bête comme on pénètre la vierge, pour l'initier. »

Si Al-Zarqaoui l'al-qaïdiste exigeait de ses combattants de mourir avant de jouir de soixante-douze vierges au Paradis, le Califat de Baghdadi s'engage à satisfaire leurs désirs, ici et maintenant. Cette débauche sexuelle immédiate explique en grande partie son pouvoir d'attraction. Dans sa barbarie bureaucratique, l'État islamique a même fait publier, par l'intermédiaire de son département de la recherche et de la *fatwa*, un manuel d'esclavage sexuel que Marie apprendra par cœur parce qu'il va régler sa vie du jour de sa capture à celui de sa libération. L'article 6, par exemple, dispose qu'il est « licite d'acheter, de vendre ou de donner en cadeau les prisonnières et les esclaves, car ce sont de simples propriétés dont on peut disposer à son gré ». Lorsque le propriétaire meurt, l'article 10 rassure sur le fait que « les captives sont des éléments du patrimoine » et font partie de la succession à l'instar de n'importe quel bien.

Attention, ces tables de la luxure posent des limites. Le manuel de l'esclavage, c'est un peu la Convention de Genève du djihadiste, écrite par une génération qui croit vivre dans l'Arabie du VIIe siècle tout en regardant des épisodes de *Game of Thrones*, où les scènes de bordels servent d'intermèdes aux décapitations. Ainsi les articles 7 et 9 précisent, miséricordieux, qu'une femme enceinte ne peut être vendue et que l'on ne peut séparer une captive de ses enfants avant que ceux-ci atteignent l'adolescence. De même que l'article 13 spécifie des conditions aux pédophiles, jusque dans la manière de pénétrer les petites filles : « Il est licite d'avoir des rapports avec l'esclave qui n'a pas atteint la puberté si son corps est propre à l'acte. Si ce n'est pas le cas, alors il faut se contenter de jouir sans coït. »

Le vieil imam, lui, n'obéit qu'à ses pulsions. L'article 19 du manuel stipule qu'« il est permis de battre l'esclave au titre de *darb tadib* (les coups disciplinaires), mais il est interdit d'utiliser *darb al-taksir* (les coups qui provoquent des fractures) ou *darb al-tashaffi* (frapper pour le plaisir) ou *darb al-tazib* (la torture). De plus, il est interdit de frapper sur le visage ». Or lui frappe Marie à coups de bâton pour jouir quand il ne parvient pas à bander, et cogne ses yeux quand elle voit son impuissance.

Vers 2 heures du matin, les soldats d'une caserne voisine, alertés par les cris de la jeune femme, obligent le vieux à la conduire à l'hôpital. On y soigne ses blessures, puis elle rentre avec lui. Il s'en tire cette fois avec un rappel à la loi.

*

L'imam tire Marie dans un des tribunaux de l'État islamique installés dans la poussière des bâtiments abandonnés. Un homme en noir fouille son sac, casse en deux le petit crucifix en bois qu'elle avait réussi à dissimuler. « Connais-tu la *chahada* ? », lui demande le juge. Il s'appelle Hussein Abou Qoutaïba, son nom est inscrit dans sa mémoire. Et elle, en chœur avec une dizaine de yézidies, récite la courte profession de foi qui va la convertir à l'islam, en demandant à Jésus de lui pardonner.

Sera-t-elle libre maintenant qu'elle est musulmane, comme le vieil imam le lui a laissé entrevoir pour tempérer sa révolte ? « Ta conversion est tardive. Tu restes la propriété d'Abou Ahmed. Il peut te vendre, te donner en cadeau ou te tuer, à moins qu'il ne veuille te céder à moi », lui explique le juge. Pour réciter sa prière, la chrétienne a dû soulever son niqab afin de dévoiler son visage, son cou et ses mains aux hommes du Califat, pour le plus grand plaisir du juge qui a entraperçu la racine blonde de ses cheveux. Pour caresser cette chevelure, dit-il à l'imam, il serait prêt à céder les trois yézidies qu'il vient d'acheter. Mais le vieux ne veut rien entendre et il exige ses deux certificats : celui de la conversion de sa chose et son titre de propriété, une sorte de carte grise qui est un permis de violer et que tous les futurs acquéreurs de Marie devront en principe faire enregistrer à leur tour devant les tribunaux de l'État islamique.

*

Le vieil imam donne des cours de religion aux enfants des djihadistes. C'est un « sage » itinérant qui se déplace dans toute la région, de Qaraqosh à Mossoul. Et partout, tout le temps, Marie l'accompagne comme son animal domestique. Il ne peut plus se passer d'elle ; il en est tombé amoureux. Pendant des heures, elle l'écoute parler, levant le doigt à la manière d'Abou Bakr al-Baghdadi, devant de tout petits enfants, minuscules recrues du Califat, affublés de gilets pare-balles qui leur tombent sur les genoux, qui ne savent pas encore lire, mais répètent en rang debout pendant des heures la mélopée de mort : « Ô Allah, tue tous les Américains ! Ô Allah, tue tous les chrétiens ! »

*

Pour gagner du temps et faire des économies, l'imam décide finalement d'installer Marie à demeure, à Mossoul, dans la belle maison familiale qu'il a confisquée dans le quartier d'al-Wahda, le Victorieux. Elle sera sa putain et la bonne à tout faire de sa femme. Un nouveau membre de la famille.

Mais quand le vieux arrive devant chez lui, ses enfants et ses petits-enfants, alertés par son épouse, l'attendent devant le portail en fer, et le comité d'accueil n'est pas chaleureux. Alors il ordonne à son esclave de rester dans la voiture et sort parlementer avec sa famille. « Comment cette chrétienne ose-t-elle torturer ma mère ? » Les fils s'en prennent à Marie, comme si elle était une maîtresse amoureuse qui avait décidé de briser le ménage de leurs parents. La femme de l'imam hurle que le Califat est un état de pornographes. Et lui, penaud, cherche à la calmer avec son pragmatisme de pervers : « Je veux juste coucher avec elle. Ça n'est rien. » La vieille a depuis longtemps appris à traduire son mari : « Rassure-toi, elle ne te remplacera pas, tu seras toujours la mère de famille, celle qui fait les corvées, prépare les repas, et reçoit sa part de coups. Elle, c'est juste le nouvel objet de mon désir, mon esclave sexuelle, c'est rien, je te dis. »

Marie, en entendant la scène familiale, comprend qu'aux viols du père vont s'ajouter les coups des fils, les gifles des filles et les vexations d'une épouse bafouée. Et déjà elle entend son nom aboyé par tous ces gens. Sa tête explose des glapissements qu'elle anticipe et, pelotonnée dans son *abaya* sur le siège arrière de la Toyota, elle grelotte dans la brume d'hiver.

Dans ce quartier conservateur de Mossoul, les voisins sont aux fenêtres : ils n'ont jamais vu de *sabiya*, ils ne comprennent pas ce qui se joue, juste que le vieil imam a pris une maîtresse et ose l'imposer à sa femme. Et c'est Marie qui concentre la muette réprobation de ce pâté de maisons rempli de mosquées et de tombeaux. Elle s'agrippe à la portière de toutes ses forces, tandis que le vieux la tire par la taille. Puis, autant parce que cet effort l'épuise que par peur du scandale, il renonce, et s'en va installer la jeune femme une centaine de mètres plus loin, dans le petit appartement de fonction de la mosquée dont il est le prêcheur titulaire.

« La polygamie est inscrite dans l'ordre de la nature », dit le vieux à Marie dans la voiture, pour reprendre un peu de prestance grâce à son rôle d'imam. « Sinon pourquoi le Coran, dans sa grande sagesse, l'instituerait-il ? La femme est un prolongement de l'homme, écoute bien, qui n'a aucune jouissance sans lui, aucun désir autre que le sien. La monogamie, c'est bon pour les faibles, les hommes incapables de traiter équitablement toutes leurs femmes. » Le docteur en *charia* lui récite par cœur les mots du Prophète : « Si vous craignez de ne pas être équitables envers les orphelines, il vous est permis de vous marier, à deux, trois ou quatre femmes ! Si vous craignez de manquer d'impartialité envers elles, prenez une seule femme, ou les captives de guerre. » C'est ce qu'il fait, précisément : une femme et une captive. Décidément le vieux ne comprend pas ce qu'on lui reproche.

*

La journée, le vieil imam donne des prêches ou des cours de religion. Alors la journée, Marie est enfermée à double tour dans une chambre nue dont le seul ameublement consiste en un matelas jeté au sol devant un vieux téléviseur. Seuls les viols interrompent sa solitude, une, deux fois par jour, selon l'emploi du temps du vieux et sa vigueur. Il lui dit que c'est sa faute, qu'il ne peut pas se retenir parce qu'elle le tente, qu'il est lui la victime de ce désir qu'elle déchaîne en lui et qui l'oblige à se déchaîner en elle.

Le vieux va dans le petit appartement comme à confesse, raconte ses ennuis domestiques, le train-train de la mosquée et de ses élèves. Parfois il vient juste prendre le thé. Il s'installe tranquillement devant la télévision pour contempler des spectacles libanais de danse du ventre, en se tripotant la barbe.

Agacée par ses gloussements libidineux, Marie ose un jour lui demander s'il peut lui expliquer les paradoxes de cette loi islamique qui commande de couvrir les femmes de la tête aux pieds, mais autorise ses imams à regarder des danseuses faire voler les perles de leurs costumes en agitant leurs ventres. Le vieux éclate de rire et lui avoue qu'il a rejoint l'État islamique plus par opportunisme que par conviction religieuse. Il n'aime pas particulièrement les décapitations, lui dit-il, mais la vie confortable que lui procure son allégeance vaut bien de fermer les yeux sur les mains coupées des voleurs pour les ouvrir sur les seins des esclaves.

C'est Mazen, un jeune homme à la peau diaphane, aide de l'imam à la mosquée, qui apporte à manger à Marie en l'absence de son maître. Il méprise cette femme perdue, mais il développe malgré lui un soupçon de compassion pour la prisonnière mal nourrie et maltraitée. « Je sais qu'il vous bat, j'aimerais pouvoir vous aider. » Affres de la passion, plaie mortelle de la jalousie, même la plus perverse, cette minute qu'elle passe en tête à tête avec Mazen torture le vieux qui double les coups pour la punir de cette promiscuité qu'il a lui-même organisée. Et si elle se refusait à lui pour mieux s'abandonner au jeune ? À l'idée de perdre cette femme qu'il a enfermée comme une bête et qu'il possède comme une chose, il devient fou. Mazen ne lui apportera plus de nourriture. Quant à Marie, les soupçons du vieux la réconfortent, même s'ils lui coûtent des bleus, ils sont peut-être la rançon de la liberté. Pendant que l'imam lui imagine un amant, elle rêve d'un chevalier qui la délivrerait de sa prison.

*

Marie prépare le café dans une cafetière en étain, pleine de gnons, qui semble à l'agonie. La cafetière lui échappe des mains et elle renverse le liquide brûlant sur sa jambe dans un cri de douleur. Pendant trois jours elle gît seule sur son lit, frissonnant d'un début d'infection. Quand le vieux arrive, elle a cessé de gémir, anéantie par la brûlure qui secoue sa jambe de petites décharges. La voir souffrir, ça l'excite, et il la viole toute la nuit.

Le matin, épuisé par ses prouesses, le vieux, couché sur le dos, ne se lève plus. De la nuque aux chevilles, ses articulations sont prises dans des chaînes et sa peau ne ressent plus le coton du matelas. Marie le regarde attendre que son corps sorte de sa torpeur et lui obéisse à nouveau. Elle pourrait l'étouffer avec un coussin et lui voler les clefs de sa prison pendant qu'il essaye de soulever ses jambes ankylosées. Durant les longues minutes de sa paralysie, elle envisage ce projet d'évasion, et c'est un espoir si fort, une audace si grande, qu'ils lui coupent le souffle. Elle s'imagine tourner la clef dans la serrure, descendre les marches de l'escalier latéral fiché dans le mur de la mosquée, longer les rues, fantôme noir dans les quatre épaisseurs réglementaires de son *abaya*, le regard dissimulé par une double voilette, passer devant les peintures murales qui rappellent que « la véritable beauté doit être cachée » et… tomber sur la police des mœurs qui lui demandera comment elle ose marcher dans les rues de Mossoul sans tuteur mâle. Elle sait qu'elle ne guérira pas de la punition qui l'attend. L'article 20 du manuel stipule qu'un « esclave, homme ou femme, qui s'évade, commet un des péchés les plus graves qui soient » et l'article suivant que « le châtiment doit dissuader les autres esclaves de s'enfuir ». Marie le sait, alors elle regarde le vieil homme dompter ses cartilages usés et ses muscles froissés, et l'aide à se relever.

*

L'imam bat aussi sa femme, bien sûr. Parce que la soupe est tiède, ou sa tunique froissée, mais plus encore parce qu'elle se tient devant lui, chose fanée à la taille lourde qui sait toutes ses faiblesses. Changement de programme ce soir, il a pris le revolver qu'il range dans un tiroir à côté du lit et tient en joue la vieille qui ne veut définitivement pas comprendre que violer une esclave est un geste pieux qui sert la gloire du Califat. Après une courte lutte, il décharge l'arme sur sa moitié. Le coup tiré à bout portant la tue sans un râle. C'est de la légitime défense, c'est elle qui l'a attaqué, du moins c'est ce qu'il dira à la police de l'État islamique que ses enfants ont alertée et qui vient l'arrêter.

Dans sa cellule, le vieil imam se souvient de Marie : « Envoyez quelqu'un à la mosquée ou ma *sabiya* va mourir de soif ! » Elle, elle ne se soucie pas de lui, ou plutôt elle se réjouit à l'idée qu'il puisse être blessé, mort peut-être. Et puis elle s'inquiète : et si elle mourait ici, oubliée de tous ? Enfin elle ose se diriger vers la fenêtre grillagée dont elle a l'interdiction formelle de s'approcher, et avale une goulée d'hiver. L'horizon est bouché par les immenses murs qui entourent le jardin de la mosquée. Combien de temps a-t-elle passé, la tête posée sur le fer des barreaux à s'enivrer de l'air glacé ?

Quand le soir tombe, elle devine la silhouette d'un homme dans l'allée. Il contourne le bassin de marbre des ablutions, grimpe les marches qui mènent à l'appartement et entre avec une clef. Il lui jette deux pains dans les mains et lui apprend que l'imam sera jugé au petit matin.

Le lendemain, vers midi, Marie entend un bruit de sabre qui glisse le long de la rampe de l'escalier. L'imam a été relâché de prison ; on lui a même rendu ses armes. Omar, son aîné, s'est porté garant de l'innocence de son père en contrepartie d'une belle avance sur l'héritage. Dans le Califat, tout se monnaie, même la piété filiale.

L'imam a les yeux humides, la peur d'être exécuté l'a rendu sentimental. Alors il donne des bourrades dans les côtes de sa petite femme bien à lui. N'a-t-il pas un certificat pour le prouver ? Il lui montre à nouveau le papier pour réaffirmer ses droits sur elle, et bientôt une béatitude de propriétaire l'envahit. La barbe sale, collée sur son visage, il murmure des serments plus obscènes que les coups, mièvreries d'amoureux sénile. Marie respire par la bouche pour ne pas vomir le mélange de sueur, de moisi et de sang, parfum de la cellule où il a passé la nuit. Il va l'installer chez lui, dit-il, maintenant que plus rien ne s'y oppose. Et l'imam lui donne la comédie, éclate d'un gros rire, imite les danseuses de la télévision libanaise en tournant sur lui-même en de grotesques déhanchements. Lorsqu'il aperçoit la fenêtre entrebâillée et comprend qu'elle s'en est approchée, son poing, lesté de lourdes bagues, fend la lèvre de Marie et la projette sur le carrelage blanc dont les joints se gorgent de sang. Les morceaux de faïence, rehaussés d'un fil rouge sombre, dansent devant ses yeux, comme le vieux tout à l'heure, et elle s'évanouit.

*

C'est le jour du mariage. Le vieux a forcé la jeune femme à mettre un bustier et un string en dentelle noire sous une très courte robe blanche. C'est du plus mauvais goût, elle le dit, même si elle sait que personne ne le verra puisqu'elle sera recouverte des poignets aux chevilles de la traditionnelle tunique noire. D'autres esclaves ont adopté la stratégie de la soumission pour éviter les coups inutiles, mais l'honneur de Marie se concentre dans cette révolte permanente dont son corps paye le prix.

Au tribunal, devant le juge Abou Asin, elle se tord les mains, implore qu'on la délivre de ce vieil homme qui la maltraite. Et le juge, qui n'en peut plus des protestations de l'esclave chrétienne qui prend sans cesse l'État islamique à témoin, donne vingt-quatre heures au vieux pour convaincre sa *sabiya* de l'épouser, sinon il devra la revendre. Compatissant, il lui donne tout de même un conseil : « Dis-lui que si elle refuse, tu la donneras aux Africains. »

Devant le refus catégorique de Marie, le vieux finit, le cœur meurtri, par trouver un acheteur potentiel, un Saoudien de vingt-cinq ans qui veut l'envoyer à Bagdad pour servir sa femme enceinte. Les deux hommes se sont accordés sur un prix qu'elle ne connaîtra pas, l'affaire est faite. Pourtant, dans la nuit, la maison du djihadiste est bombardée, et le Saoudien meurt enseveli sous les décombres. Alors dans la maison familiale de Mossoul, ponctuée par les corrections et les viols, l'idylle du vieux reprend. Et Marie se souvient qu'elle est presque mieux traitée que les filles de l'imam puisqu'elle, au moins, a une valeur marchande.

*

Au mois de janvier 2015, le vieux est envoyé à Testharab, à quelques kilomètres de Mossoul. Ses nouveaux petits élèves commenceront leurs leçons en faisant exploser le monument qui commémorait le passage d'Ali ar-Ridha, le huitième imam chiite.

C'est un village de pauvres gens, habitant des maisons en terre séchée dans une vallée d'herbes rases. Les shabaks en ont chassé les sunnites et les chrétiens à la fin de la guerre. Je n'ai jamais vu d'hommes portant aussi visiblement la bêtise sur leur visage que ceux qui nous attendaient au check-point. Des gueules d'idiots de Jérôme Bosch en Arabie. Ils nous refusaient, non pas d'entrer, mais de sortir du village. Yohanna leur a tendu un laissez-passer du gouvernement, mais ils ne savaient pas lire. Ils répétaient jusqu'à nous abrutir avec eux : « Ici shabaks ! Ici shabaks ! Ici pour les Kurdes chiites ! Pas pour les chrétiens ! » C'est eux, me dit Yohanna, pendant qu'il composait le numéro d'un général irakien, la plus grande menace pour notre communauté. Puis ces idiots nous ont offert du jus de fruits en pointant du doigt le soleil mauvais sous lequel ils nous laissaient cuire sans penser que nous pourrions nous mettre à l'ombre. Sur la maison de Marie à Khidir, un de leurs rares lettrés taguera après la défaite de l'État islamique : « Fiers d'être shabaks ! » Les sunnites, qui désormais longent les murs du village, n'osent pas effacer ce graffiti ; ils marchent les yeux baissés pour ne pas le voir, ou prétendent qu'eux non plus ne savent pas lire.

L'argent commence à se faire rare dans le Califat et le vieil imam rogne sur toutes les dépenses, en particulier sur la nourriture de Marie qui dépérit. Le vieux est devenu tellement radin qu'il ne cracherait pas sa salive par terre de peur d'avoir soif. Est-ce par charité ou par amour de la délation que les soldats finissent par dénoncer sa conduite à un émir de passage ? Un soir, il trouve la porte de sa villa enfoncée. Marie a disparu. Confisquée par l'émir. Le vieux frappe à toutes les portes, s'agenouille, supplie, promet, prend le ciel à témoin. Jamais il ne reverra Marie.

Une gazelle merveilleuse

Il était une fois une gazelle merveilleuse sous le règne de Chapour le Cruel en Perse et de Julien l'Apostat à Rome. C'était en l'an 363, et c'était la fin du printemps.

Behnam et ses quarante serviteurs coursent cette gazelle à travers la plaine de Ninive qui poudroie sous le vent du galop. Behnam rit, il est beau, il est prince. Sa proie, insaisissable, l'entraîne toujours plus avant vers le Jabal Maqloub, la Montagne bouleversée. Elle bondit entre les bosquets, grimpe. Il la poursuit, s'éloigne. La troupe des serviteurs les perd de vue.

La gazelle a disparu. Le soir tombe. Behnam est seul. Enroulé dans sa cape, au pied d'un arbre, il s'endort d'un rêve si beau qu'apparaît un ange : « Viens, suis-moi, nous allons trouver saint Matthieu et prier pour la guérison de ta sœur. »

Le matin, les yeux de Behnam s'ouvrent sur Matthieu, qui l'attendait depuis longtemps pour lui annoncer le Christ et l'Évangile. Behnam l'écoute attentivement, il est séduit, mais il veut des preuves ! Matthieu sourit : « Reviens accompagné de ta sœur. »

Sarah souffre de la lèpre. Behnam, de retour au palais royal, lui dit de se relever de son lit d'abandon ; il a rencontré un ermite des collines, qui va la guérir, il en est sûr. Il faut qu'elle se lève, il faut y croire !

Quand, épuisée d'avoir gravi la Montagne bouleversée au bras de son frère, Sarah arrive devant le serviteur de Dieu, elle croit déjà. Alors Matthieu frappe de son bâton la terre, et de l'eau jaillit, et avec cette eau, il la baptise et la guérit. Behnam et ses quarantes serviteurs, qui voient ce miracle, reçoivent le baptême à leur tour. Ils ne savent pas que les histoires de saints finissent rarement bien.

Sennachérib, le père de Behnam et Sarah, est roi d'Assyrie. Il est aussi mage de Zarathoustra. Revenu chez lui après plusieurs mois de campagnes militaires, le roi veut savoir quelle magie a guéri sa fille adorée. Et Sarah lui répond avec la virulence d'une convertie : « Le Seigneur Jésus-Christ m'a guérie des mains de saint Matthieu, et non les étoiles que tu adores ! » La fureur du père éclate. Si ses enfants n'abjurent pas, il le jure, il les tuera !

Et voici Behnam et Sarah, accompagnés de leurs quarante serviteurs, qui s'enfoncent dans la nuit de l'hiver pour fuir leur père.

Informé par ses gardes, Sennachérib est sur son char, lancé à leur poursuite. Il va les rattraper, c'est ainsi, et les entraîner au fond d'une petite fosse. Qu'ils consentent à sacrifier aux dieux anciens, dit-il à ses enfants, ou qu'ils meurent par sa main ! Mais les saints ne renient jamais leur foi dans les histoires de saints.

Le père presse sa fille contre sa poitrine, comme il le faisait lorsqu'elle était enfant pour lui montrer du doigt les étoiles. Sa main glisse dans sa chevelure, attire vers lui son front, tandis qu'il l'égorge de son autre main. Les quarante serviteurs, mis à mort par autant de soldats, s'effondrent sur le sol en même temps que Sarah. L'épée de Sennachérib tournoie dans l'air léger du matin : il décapite Behnam d'un geste parfait.

*

Le père de Marie racontait cette histoire chaque année, le 10 décembre, à la fin d'un plat de fèves mélangées avec du blé et des raisins, en souvenir du repas partagé par les deux martyrs avant que Sennachérib les rattrape. Cette légende dorée est une sorte de second livre de la Genèse pour les chrétiens d'Irak : elle leur dit comment le pays d'Assyrie fut converti, de vieux monastères construits et leurs villages bâtis. Car pour expier ses péchés, Sennachérib fit élever un monastère en l'honneur de saint Matthieu sur la Montagne bouleversée et un mausolée pour ses enfants, là où il les avait exécutés, à mi-pente du tell qui domine le village de Khidir. Il faut dire qu'il avait des raisons de se convertir : juste après avoir égorgé ses enfants, il ordonna que l'on brûle leurs cadavres, mais tandis qu'il se retournait pour se diriger vers son cheval, il sentit la terre gronder, puis s'ouvrir sous ses pieds pour engloutir les corps des martyrs.

La lutte des classes

Marie l'appelle le jeune. Abbas, longiligne et sombre comme un Giacometti africain. Un émir de vingt-huit ans à la barbe drue et au regard de démon qui pleure. Il a l'histoire de l'Irak dans la peau. Officier dans l'armée irakienne et paysan dans les vergers de son père quand il était en permission, les Américains l'ont jeté en prison et suspendu à un croc de boucher, bandeau sur les yeux, pour taillader son torse avec un couteau. Abbas a fini par être libéré de prison ; les vergers comme son père s'étaient desséchés ; et il a rejoint l'insurrection sunnite. Marie laissera ses doigts effleurer ses cicatrices. Pour l'instant, il ne dit rien, et elle non plus, assise sur la banquette arrière de la voiture qui s'éloigne de Testharab.

Ils s'arrêtent devant une villa épousant la pente d'une colline. Le rez-de-chaussée sert de bureau à cinq soldats. À peine Marie a-t-elle le temps de les entrapercevoir, chacun derrière leur ordinateur, qu'Abbas lui fait signe de monter à l'étage. Dix yézidies, deux par soldat, l'attendent dans une chambre avec vue sur le quatrième pont de Mossoul.

*

Marie pose peu de questions à ce garçon silencieux qui passe ses journées à inspecter le front, et rentre parfois si las qu'il en oublie de coucher avec elle. Une relation sans mots et sans haine se noue. Il veille à ce qu'elle ait de l'eau, il lui apporte de la nourriture qui a du goût ; elle se résigne. Abbas a une femme et deux enfants, mais lui a dit qu'il était célibataire, et Marie lui est reconnaissante de ce mensonge qui porte l'illusion qu'une autre relation que l'humiliation totale est possible entre eux.

Les viols ont lieu dans une chambre isolée, aux rideaux de velours vert et rose toujours tirés. La pièce est presque douillette avec son lit recouvert d'une couette violette et son armoire en bois verni. On ne s'y attarde pas : les hommes débarquent, se vident dans leurs esclaves, et repartent.

Un soir, Abbas revient du front le regard opaque. Un Arabe dirait qu'il est perdu dans le souk de sa tête. Il allonge Marie sur les draps sales, et la gifle en guise de préliminaires. Jamais il n'avait encore levé la main sur elle. Pendant qu'il malaxe sa peau et la pénètre par saccades, le visage collé sur le sien, elle aperçoit soudain dans ses pupilles son propre visage miniature, comme un camée d'elle-même où son image serait restée intacte, où elle ne serait pas réduite à ce tas de chair qu'on laboure.

Quand il arrivera encore à Abbas de la frapper, ses coups ne feront pas moins mal que ceux des autres, mais Marie aura l'étrange impression qu'il souffre de la douleur qu'il lui inflige. Quand il s'arrête, il pleure, et la presse contre lui en demandant de ne plus y penser.

Marie le hait de tout son cœur de ne pas avoir été son sauveur.

*

Des lèvres vermeilles, des cheveux de jais tirés en catogan qui allongent la finesse des traits de son visage, des yeux Bagdad café, un peu mélancoliques, Abbas séduit. Si l'on ajoute que les anciens officiers supérieurs de Saddam citent sa valeur militaire en exemple, on comprend qu'il suscite la jalousie des troufions du Califat.

La rivalité des maîtres au rez-de-chaussée devient rapidement la rivalité des esclaves à l'étage. Leurs propriétaires placent des paris, montent les filles les unes contre les autres, excitent leur instinct de survie, comme s'ils participaient à un de ces combats de coqs irakiens où des plumes poisseuses de sang volent dans l'odeur douceâtre des viscères. Les démons ne sont plus seulement les gardes barbus, mais aussi les suppliciées aux regards éteints, désormais prêtes à tout pour avoir l'illusion de s'élever un instant au-dessus des autres. Ainsi Marie apprend, en plus des lois écrites, les règles tacites des maisons d'esclaves, les calculs, les alliances, les délations qui vous obtiennent un peu de dentifrice ou une ration supplémentaire de nourriture.

Les filles du Sinjar regardent comme une bête curieuse la chrétienne qui se nourrit avec une cuiller, par petites bouchées, elles qui dévorent le riz à la sauce tomate qu'on leur sert dans des seaux, le nez plongé dans la gamelle, en léchant les derniers grains collés sur leurs doigts. « Elles avaient la tête pleine de poux, et n'avaient jamais vu de machine à laver. » Marie me les a décrites en reprenant les clichés que colportent les Arabes sur les yézidies. Des filles saines, arrachées à la simplicité de leur montagne, blessées de voir s'ajouter à l'humiliation que leur font subir les musulmans, le mépris navré de la chrétienne.

Marie ne sait pas que la lutte des classes alimente la guerre des religions aussi puissamment que le pétrole fait tourner le moteur des chars et des avions. Elle n'a pas non plus mesuré le plaisir des maîtres qui regardent les femmes s'adonner à leur tour au sadisme. Un des soldats joue à s'enticher de Marie et propose à Abbas de lui échanger sa *sabiya* contre deux des siennes. Abbas refuse le troc, mais la tractation a posé les termes de l'équation : une chrétienne vaut deux yézidies. Et l'homme ne manque pas de leur expliquer qu'elles valent deux fois moins encore que ce qu'elles imaginent.

Quand, espérant distraire ses angoisses vespérales, Marie se glisse dans une des pièces où il y a un petit poste de télévision, ses rivales mettent la chaîne kurde, augmentent le son et cachent la télécommande. L'une des deux jeunes filles que son propriétaire a voulu troquer devient son ombre. Elle la suit partout, rapporte aux gardes un juron ou invente le vol d'un savon pour la faire battre. Les djihadistes se méfient de Marie parce qu'elle est cultivée, qu'elle connaît Mossoul et qu'elle pourrait s'échapper. L'esclave, élevée dans son imaginaire au rang de gardienne de prison, gagne de son côté des friandises et le droit d'aller se servir en vêtements dans les penderies des maisons abandonnées. Elle revient un jour les bras chargés de belles robes de chrétiennes assyriennes parées de perles et de miroirs, qu'elle suspend devant les toilettes pour servir de rideaux.

C'est pourtant cette haine, ce cortège de petitesses et de pièges qu'elle doit éviter les uns après les autres qui, en jalonnant sa journée, empêchent Marie de sombrer tout à fait dans la démence. Et Abbas. Quand il apprend ses malheurs, il lui obtient une chambre individuelle. Mais cette nouvelle différence de traitement exaspère un peu plus les paysannes. Marie pousse désormais son lit contre la porte sans verrou et guette le mouvement de la poignée qu'on essaye plusieurs fois d'actionner durant la nuit. Elle ne dort que d'un œil, les mains agrippées sur un oreiller confectionné à partir de ses affaires enroulées dans une robe pour qu'on ne lui dérobe rien.

Elle se retranche autant qu'elle le peut dans cette chambre et ne croise bientôt plus les autres esclaves qu'au moment des repas et pendant les cinq prières de la journée. Une petite minute aussi, en fin de journée, quand on leur fait avaler en rang la pilule contraceptive comme une hostie à un banc de premières communiantes.

Parfois Marie voudrait qu'Abbas s'endorme à côté d'elle. Parfois elle veut le dépecer dans son sommeil.

Un soir qu'il fait noir dans son ventre, elle sent une contraction. Pendant qu'Abbas la viole, son propre corps se retourne contre elle, comme un étranger qui la saisit. Quand elle y repense le lendemain, elle vomit.

*

Marie est la faiblesse d'Abbas, son péché mignon, et les autres soldats l'ont compris. Dès qu'il a le dos tourné, ils essayent de la vendre, alors elle hurle, fait chercher Abbas, et jusqu'ici son tempérament a toujours découragé ses potentiels acheteurs. Elle leur rappelle l'article 6 du manuel de l'esclavage sexuel : « Il n'est pas licite de vendre une esclave dont on ne possède pas la propriété et de causer ainsi un préjudice à un autre membre de l'*oumma.* » Et chaque fois Abbas arrive à temps pour éviter le pire.

Un des soldats finira par dénoncer le jeune homme à un général qui ne l'aime pas non plus : il serait envoûté par sa *sabiya*, paresse au lit, sèche le front et les combats pour rester avec elle. Abbas est dégradé de son titre d'émir et n'a d'autre choix que de vendre Marie s'il ne veut pas finir en prison.

*

Marie a gardé vivant en elle le visage de la plupart de ses tortionnaires. Le souvenir d'Ayad, à qui elle vient d'être vendue, lui, était pourtant étrangement brouillé dans sa mémoire quand je l'ai interrogée. Dès qu'elle monte dans sa voiture, il l'agrippe pour tenter de la violer. C'est à peu près tout ce qu'elle se rappelait distinctement.

Trois jours après l'avoir achetée, il reçoit déjà l'ordre d'aller à Tikrit, la ville de Saladin et de Saddam, où le Califat se prépare à livrer une bataille qui sera sa première défaite.

Ce front de Tikrit, je l'avais moi-même rejoint à la fin du mois de mars 2015 dans un pick-up recouvert de portraits de l'ayatollah Khomeiny. Cela me changeait des posters de chanteuses de country en bikini de l'armée américaine. Pas le genre de la milice Badr. Cette petite armée chiite était commandée avec une foi fanatique par Hadi al-Ameri. Alors, ma tête cognant à chaque secousse de la route contre la barbe du Guide suprême, j'ai traversé Jourf al-Sakhr, Amerli, Balad, des villages brûlés, pris, perdus, regagnés, puis encore brûlés dans une chronologie aussi floue que les contours du désert. Et Tikrit était enfin apparue au détour d'une palmeraie. Après avoir franchi un pont sectionné en deux par l'artillerie, j'ai découvert le décor habituel d'échoppes dévastées, de rues défoncées par des cratères d'obus et de maisons enflammées.

Quelques jours plus tôt, ces milices chiites en turban et en treillis avaient chassé les djihadistes d'un ancien palais en béton massif de Saddam. En contrebas, près du fleuve, ils avaient découvert des fosses communes contenant les cadavres de mille sept cents soldats chiites exécutés par l'État islamique en juin 2014. Un homme vivant en France est accusé d'avoir directement participé à ce massacre. Les porte-parole du parquet et les journaux l'appellent pudiquement Ahmed H. Il s'est habilement fondu dans la grande vague de réfugiés qui a afflué en Europe en 2016, avant d'obtenir l'asile politique, et une carte de résident tamponnée valable pour dix ans.

Pendant que les combats se poursuivaient dans les faubourgs de la ville, du côté d'al-Alam où s'étaient retranchées les dernières troupes de l'État islamique, j'ai écouté Hadi al-Ameri, les yeux mi-clos, se reposer en chantant des louanges aux Iraniens sans lesquels, disait-il, l'État islamique ne sera jamais vaincu. C'est à ce héros que les Américains ont attribué en 2009 le meurtre de plusieurs milliers de sunnites, et l'habitude de forer le crâne de ses ennemis avec une perceuse électrique. Mais ça, c'était avant. Hadi al-Ameri était subitement redevenu fréquentable quand ils avaient décidé d'abandonner à ses escadrons de la mort l'occupation du terrain et le sort de la guerre.

*

Ayad n'est pas revenu vivant de Tikrit. Mais cela ne change rien pour Marie. Avant de partir, il l'a revendue à Nazar, un ancien voleur de voitures qui, par la grâce du Califat, s'est reconverti dans le montage de voitures-suicides. Quand il lui dit qu'il va l'emmener à Zuhoor, le quartier des Fleurs, elle proteste, prétend être enceinte d'Abbas, rappelle l'article 9 qui « interdit la vente d'une esclave fécondée par son propriétaire ». Nazar n'en a rien à faire : il marchande les femmes aussi bien que les voitures.

Chaque matin, avant de partir au boulot, il se poste avec elle devant les marches qui conduisent au tombeau de Jonas. Là, il la vend à la criée, au plus offrant, pour la journée. À la tombée de la nuit, les clients la jettent à l'endroit convenu, de l'autre côté de la route, le long des remparts en dentelle de Ninive. Marie attend, les yeux fixés sur ses pieds nus, blanchis par la poussière des cailloux.

*

Quand Nazar le maquereau doit faire sa valise pour aller piéger des voitures ailleurs, il fait un petit crochet sur la route pour déposer Marie dans le quartier al-Arabi, à la sortie nord-est de la ville. Un gardien d'esclaves, agréé par l'État islamique, avec moins de contraintes qu'un propriétaire de chenil, l'attend pour lui prodiguer ses bons soins en l'absence de son maître.

Garder les esclaves des soldats, c'est une affaire qui marche en ces temps difficiles. C'est ce que Loaï a expliqué à ses sœurs. Il les a si bien convaincues qu'elles ont décidé d'investir dans son commerce, et même d'avancer l'argent pour acheter des filles supplémentaires qu'il loue sans enregistrer les transactions dans les bureaux de l'État islamique. Pas de mariage, pas de certificat, pas de paperasserie chez Loaï : les filles, ça tourne. Surtout entre les mains de ses amis, question de discrétion. Le Califat est suffisamment tolérant en matière d'esclavage sexuel, il serait idiot de se faire flageller pour avoir contrevenu aux deux ou trois règles restrictives.

Loaï est un colosse velu à la gueule bouffie, au teint d'orangeade. Il recouvre généralement sa silhouette de tambour major d'un jogging noir XXXL qui découvre, comme l'exigent les codes vestimentaires islamistes, d'énormes mollets couverts de poils rouille. Ses yeux olive tachetés de points noisette pourraient être beaux s'ils n'étaient engoncés entre des sourcils en broussaille et des cernes que l'on a envie de dégonfler avec une aiguille. Il n'a que trente ans, mais depuis plus de quinze ans déjà, ce gros en pantacourt n'a pas vu ses pieds. Sa mère, ses sœurs et ses frères sont de la même corpulence. Une famille d'ogres, comme dans un conte pour enfants.

Souvent, après le café du matin, le gros s'assied sur la poitrine de Marie, immobilise ses épaules dans l'étau de ses cuisses et ensevelit son visage dans le matelas de son ventre qui fait ventouse sur son nez. Puis, juste avant qu'elle ne suffoque tout à fait, il se laisse rouler sur le canapé, extension en cuir jaune de sa graisse, écarte ses jambons et, dans cette pièce attenante à la cuisine où sa maman prépare le déjeuner, il oblige Marie à se mettre à genoux et à le fouiller pour en extraire son appendice. Ça ne dure jamais longtemps ; il lâche sa semence, qui sèche entre les plis de sa peau.

Parfois la mère de Loaï s'inquiète de la nature de l'entreprise familiale. La vieille dame est pieuse. Dieu soit loué, ses filles apaisent à chaque fois ses scrupules en lui citant ce Coran que leur frère commente si bien.

Alors la vie quotidienne reprend son cours : chaque matin, la vieille fait une prière sur l'eau croupie du puits, la met dans des bouteilles en plastique et oblige Marie à en boire toute la journée pour se purifier. Elle doit l'appeler maman. Tout de même, c'est une ancienne chrétienne, et la vieille n'est pas mécontente de lui faire racheter ses péchés en récurant les toilettes à la turque où il n'y a plus d'eau courante depuis longtemps. Quand il n'y a plus d'égout à curer, elle envoie Marie dans la maison de son autre fils, pour s'y rendre utile en aidant les trois autres *sabiya* à faire le linge et le ménage, ou en servant de « femme de chambre ». C'est comme ça que la vieille femme voit les choses, par déni ou par pieux euphémisme.

*

La taxinomie de ses tortionnaires compte pour Marie. Elle veut que je consigne le nom de chacun de ses propriétaires avec le qualificatif qu'elle lui réserve : le vieux, le jeune, le maquereau, le gros, le coupeur de têtes, l'avocat, le journaliste, l'Allemand, le Français… Le simple souvenir de l'haleine de Loaï la terrifie. C'est lui qui l'a possédée le plus longtemps, huit mois, et c'est lui qui a fait le plus mal. Le gros lui a abîmé les yeux, défoncé la mâchoire, et elle ne cesse de subir des opérations pour rafistoler ce qu'il a cassé. « Loaï m'a brisée », répétait-elle, « il m'a brisée. »

Quand elle entend la grille rouillée s'ouvrir, puis ses pas lourds dans l'escalier, Marie recule contre le mur, s'accroupit, fléchit la tête ; elle se fige dans une paralysie si profonde qu'elle ne peut plus ni hurler ni bouger. « Où que nous soyons, l'ombre qui trotte derrière nous a toujours quatre pattes. » C'est seulement quand le gros en a fini avec elle qu'elle enrage de son impuissance. Et toute la nuit elle souffre une seconde fois. Elle revit les coups et le stress, elle pense à demain, et elle a déjà mal. Elle ne s'est ni révoltée ni enfuie, elle n'est même pas morte, elle vit continuellement avec le cou tendu devant l'ombre de Loaï qui s'approche à quatre pattes.

*

Le gros en sueur colle au cuir du canapé. Marie se relève et se dirige vers la salle de bain pour se laver la bouche. « Attends », lui lance-t-il en reprenant son souffle, « j'en ai marre que tu fasses la morte quand je te baise. J'ai trouvé un acheteur pour toi. » Elle répond qu'elle ne comprend pas, qu'elle appartient à Nazar, que lui n'est qu'un gardien, qu'il n'a pas le droit de la vendre. « Nazar a crevé, ma belle, tu es totalement à moi, et je fais ce que je veux de toi. » Un frisson d'espoir parcourt la jeune femme : tout valait mieux que le vieux il y a un an, tout vaut mieux que le gros aujourd'hui.

Abou Idriss a une dizaine d'années de plus que Loaï. Il occupe un poste de prestige dans le Califat : il coupe les têtes. Cet après-midi, en le voyant dans le salon lui sourire, Marie comprend qu'elle ne va pas gagner au change. La transaction doit se faire devant le tribunal, exige-t-elle. Le gros et le coupeur de têtes éclatent de rire. Mais elle continue de s'arc-bouter sur les lois de l'organisation totalitaire, et même si ces lois disent qu'elle vaut ce que valent les bêtes des troupeaux, elle tient à son statut de bête. Elle n'est pas une chose, crie-t-elle. Le gros et le coupeur de têtes en rient encore pendant qu'ils l'entraînent jusqu'à la voiture.

« Je ne te veux pas, je ne te veux pas ! », crie Marie à travers une grimace qui tord son visage, tandis que ses poignets deviennent bleus d'être serrés si fort par Abou Idriss qui la force sur un lit crasseux du quartier al-Farouk.

Pendant qu'il remonte son pantalon, il lui dit que si elle se plaint à nouveau, il lui coupera la langue, que si elle se débat encore, il lui cassera les os, et que si ça ne suffit pas, il la donnera aux Africains. Marie se retourne sur le côté, elle ne sent plus l'odeur âcre des grandes taches d'humidité du matelas et ne distingue plus à travers ses larmes le minaret de la mosquée al-Safar, de l'autre côté de la fenêtre, d'où s'élèvent continuellement, m'a raconté un habitant du quartier, les cris d'autres captives.

Abou Idriss vient chaque après-midi. Il ne traîne jamais : il l'empoigne, lui attrape les cheveux et cogne sa tête chaque fois qu'il lui donne un coup de reins. Quand il a fini, il reste accroupi derrière elle, haletant. Marie voit une poignée de ses cheveux collée sur un montant du lit. Elle est presque soulagée quand elle peut faire l'étoile de mer, et rêver qu'elle laisse la femme violée derrière elle, comme un fantôme observerait le corps dont il vient de sortir. Pendant qu'il râle entre ses jambes, elle s'envole par la fenêtre audessus d'al-Safar et d'al-Nouri pour se poser sur le clocher de l'église Notre-Dame-de-l'Heure, d'où elle sent monter de la vieille ville l'odeur du cumin et de la cardamome.

Je l'ai coupée pour lui expliquer que l'on appelle cette église Notre-Dame-de-l'Heure en raison d'un cadeau fait par l'impératrice Eugénie, l'épouse de Napoléon III, un merveilleux cadeau pour l'époque, une horloge, qui fut longtemps la seule de Mossoul. J'avais la gorge nouée par son récit, j'avais moi aussi besoin de regarder par la fenêtre, mais quand je l'ai vue décontenancée par ma trivialité, j'eus honte de l'avoir interrompue.

*

Le coupeur de têtes, qui est un fils attentionné, doit aller visiter ses parents pendant quelques jours, alors cet après-midi, il dépose sa chose chez son vieil ami Abou Mansour. Avec son visage troué par la vérole, c'était le plus laid, m'a dit Marie. Chez lui, il n'y a pas de fenêtre pour s'échapper, rien que des murs, et pas d'électricité. Sept autres esclaves végètent dans la pièce. Aucune ne parle, rien que des murs.

Le froid l'engourdit, Marie n'a presque rien bu depuis quarante-huit heures. Mais elle se rappelle bien la date, le 22 janvier 2016, parce que c'est le jour de son anniversaire. Elle somnole sur sa paillasse dans un coin de la pièce lorsque Abou Mansour approche d'elle les cratères de sa figure, tenant dans la main un tuyau d'arrosage qui se termine par un nœud coulant. Il le passe autour de son cou, lui lie les mains, et la conduit sur la terrasse du toit plat. Elle se débat pendant qu'il lui arrache ses vêtements, elle revoit la scène, et puis c'est le vide dans ses souvenirs, elle se jette du toit.

Sainte Marie de Khidir

Dans l'église du monastère de Khidir, l'une des chapelles latérales est dédicacée aux quarante serviteurs qui reçurent le baptême et la mort en même temps que Behnam et Sarah. Ils n'ont pas de nom, pas de visage, pas d'existence. Ils ne sont vraisemblablement que la réplique irakienne des quarante soldats arméniens martyrisés à Sébaste, vers 320, sous le règne de Licinius. Ceux-là, on connaît leur nom et on peut voir leur visage sur une icône de l'école de Novgorod. Ils sont plongés dans l'eau glacée d'un lac, figuré par un trait ondoyant sous leurs pieds. Au loin, un Christ les couronne discrètement. Ils refusent d'abjurer leur foi, ils grelottent, s'étreignent, l'un d'eux s'évanouit dans les bras de son frère. Aucun n'a le visage d'un autre ; aucun ne souffre comme un autre. Pendant que l'œil curieux les observe chacun mourir à leur tour – et il doit s'approcher car l'icône est de petite dimension –, il a été capturé sans s'en apercevoir par la perspective inversée voulue par le peintre. Quand il se recule à nouveau, il n'est plus celui qui regarde l'icône, mais celui que l'icône regarde ; il n'est plus celui qui dévisage les martyrs, mais celui que le Christ envisage. Et il découvre avec horreur qu'il est sur le point d'être entraîné au milieu d'eux.

J'ai encore en mémoire les images télévisées des vingt coptes égyptiens et du Ghanéen, agenouillés le long d'une plage. C'était en Libye, le 15 février 2015. Les flots d'une mer froide roulaient à leurs pieds. Ils portaient tous une tenue orange, et chacun avait dans son dos un homme en noir de l'État islamique, posant une main sur son épaule et brandissant de l'autre un couteau. Comme les martyrs de Sébaste, ils marmonnaient des prières en grelottant. On connaît le nom et le visage de chacun d'entre eux. Chacun était un immigré venu chercher du travail pour nourrir sa famille restée en Moyenne-Égypte. Puis il a fallu que l'Église copte fasse peindre une icône naïve aux couleurs massives pour les commémorer. On y voit ces vingt et un malheureux habillés d'une robe orange et revêtus d'une épaisse étole rouge ; ils sont auréolés de lourdes couronnes jaunes qui montent au Ciel, tandis qu'un Christ titanesque, sortant d'un cercle bleu étoilé, les écrase contre des vagues colossales. Sur cette icône, ils ont tous le même visage dupliqué informatiquement.

En ressortant de la chapelle des quarante martyrs, Yohanna m'a fait remarquer sur la gauche une porte encadrée de tiges entrelacées, se prolongeant en autant d'arabesques, d'où surgissent sept paires de têtes de lions. Sculptée à l'âge d'or de Mossoul, au XIIIe siècle, sous le règne de Badr al-Din Lulu, il m'a expliqué qu'elle était en tout point semblable au portail du tombeau de l'imam al-Bahir que l'État islamique avait fait exploser. Il m'a lu l'inscription : « Saint Behnam, martyr, a grandi entre deux baptêmes. Il s'est baigné dans l'eau, mais cela ne lui a pas suffi. Il a fait plus, et s'est aussi baigné dans son propre sang. Et quand son corps fut couvert du sang qui coulait de sa nuque, et que l'Église le vit et apprit ses actions, elle commença à se demander : qui est donc celui-ci à l'habit teint de sang ? »

*

Marie a lu cette inscription chaque semaine, pendant plus de trente ans, lorsqu'elle s'asseyait dans la nef de l'église pour écouter la messe. Tous les chrétiens de la région la connaissent. Pourtant, eux, ne peindront pas d'icône pour Marie comme les coptes d'Égypte pour leurs martyrs. Ils ne lui dédicaceront pas non plus de chapelle comme ils l'ont fait pour les quarante serviteurs anonymes de la légende. Ils n'inscriront nulle part son nom qu'ils préfèrent oublier. Ce n'est pas une princesse guérie miraculeusement comme Sarah. Son corps n'a pas été englouti par la terre comme celui de Behnam lorsque Sennachérib a voulu le brûler. Et Marie est encore parmi nous ; ça les dégoûte. C'est ainsi : dans les légendes chrétiennes, les femmes sont des saintes qui meurent encornées par des taureaux ou ravagées par des lions dans des arènes, éventrées par des barbares ou égorgées par leur père, mais elles ne sont jamais violées et malheureuses, et elles ne demandent jamais qu'on les aime et qu'on les protège. Il aurait fallu le talent d'un hagiographe du Moyen Âge ou d'un iconographe de Novgorod pour émouvoir les chrétiens d'Irak et magnifier par une allégorie la vie de Marie de Khidir, martyrisée sous le règne d'Abou Bakr al-Baghdadi.

Si c'est une femme

Souvent, quand ils se suicident, les hommes sautent la tête la première, les femmes les pieds en avant, m'a expliqué un psychiatre. J'ai aussi lu que, le 11 septembre, une femme, qui était tombée d'une des deux tours du World Trade Center, a tenu sa jupe durant tout le temps de sa chute. Il est 10 heures du matin et Marie gît sur le trottoir avec son pied gauche en angle droit. Personne ne la ramasse : les passants la contournent comme un encombrant dont ils espèrent qu'il sera avalé par l'asphalte. Elle y restera jusque tard dans la soirée. C'est un juge de l'État islamique qui, marchant vers sa maison, s'arrête, demande des explications à Abou Mansour, ensuite fait venir Abou Idriss, apprend qu'il n'a pas de certificat de propriété, et les oblige à rapporter chez Loaï ce qu'il reste de Marie.

*

Depuis cette tentative de suicide, elle ne peut plus bouger de son lit. Mais l'attelle posée à l'hôpital ne la dispense pas d'écarter les jambes, lui dit Loaï : il doit se rembourser de sa vente annulée à Abou Idriss pour un malencontreux vice de forme. Alors il loue Marie à ses amis de passage et à qui veut venir faire la file devant sa chambre pour caresser son corps immobile.

Elle se rappelle les noms de plusieurs d'entre eux. Je les écris ici comme elle me l'a demandé : Karam ; Abou Farhan ; Abou Khatab ; Abou Ayman ; Abou Zahra, qui avait une jambe coupée ; Abou Ibrahim, à qui il manquait un bras ; Abou Hassouna ; Abou Mariam al-Askari, qui lui a cassé deux dents qu'elle a senties nager autour de sa langue ; Abou Qathan, qui lui a dit que si elle ne se montrait pas plus docile, Loaï la vendrait aux Africains, qui ont décidément sale réputation chez les Irakiens ; Abou Youssef ; Abou Nayef ; et un cuisinier dont elle a oublié le surnom. À Hasson, elle a dit qu'elle était une orpheline, et il ne l'a pas touchée. Marie est restée alitée trois mois.

*

Chose étonnante, il y a une forêt à Mossoul. Du moins quelques centaines d'arbres et de palmiers qui bordent le Tigre à l'endroit où il enrobe deux îles et s'apprête à entrer dans la vieille ville pour la rafraîchir. C'est là que s'élève la pyramide à deux faces de l'hôtel Ninawa, où les volontaires pour le martyre bénéficient d'une dernière semaine de délices, et tout autour le complexe touristique al-Sadeer, une succession de bungalows et de carrousels. Cela ferait sourire un Européen, mais cette couleur grasse distrait du néant de plaines roussies et des maisons jaunâtres, et cette magie-là, pour les habitants de Mossoul, vaut bien le nom de Forêt.

Dans le bungalow où l'on pousse Marie, il y a Qoutaïba avec ses yeux de poisson mort et ses deux frères, auxquels Loaï vient de la louer pour la semaine. Ils pressent la jeune femme de se déshabiller, et, comme toujours, elle les renvoie à leur loi. Article 8 du manuel : « Celui qui possède une esclave en partenariat avec d'autres ne peut pas avoir de relations sexuelles avec elle tant que les autres n'ont pas vendu ou donné leur part. » Et, comme toujours, son rappel à la loi fait rire. « Nous faisons souvent cela », lui confesse Qoutaïba, fier de son esprit de famille. « Article 24 ! », proteste Marie en essayant de les repousser, « un maître ne peut avoir des relations sexuelles avec l'esclave d'un autre ». Les frères s'esclaffent. « C'est le ramadan ! », hurle-t-elle. Qoutaïba l'attrape par les cheveux et la cloue au sol.

Il ne faut pas gâcher la fête, c'est en effet la rupture du jeûne, et les quatre frères sont heureux de se retrouver. Ils commentent chacune de ses difformités dans une surenchère de blagues grasses et de claques sur les fesses. Les hommes se lâchent et, dans la crudité sans retenue d'une bande de camarades élevés ensemble, l'âme de Marie est dépecée. Il ne reste d'elle qu'un lambeau que déchirent les mains de Qoutaïba, tandis qu'Othman lui murmure en léchant son visage que ses cuisses le tentent autant que du poulet. Mohammed, lui, se tient à l'écart : elle le dégoûte, dit-il, mais il la violera quand même, comme les autres, pendant six jours.

*

Loaï est presque surpris, à la fin du dîner, quand son ami Abou Riad lui fait une proposition d'achat définitif. C'est vrai que l'homme claudique et qu'il est de petite taille, mais quelle aubaine ! Le gros empoche l'argent contre un certificat de propriété. Abou Riad est avocat, il est le premier à s'être montré ferme sur ce point. Marie, elle, ne proteste plus, comme elle ne s'étonne plus d'apprendre que la femme de l'avocat ne la veut pas chez elle et qu'elle sera à nouveau déposée chez un ami de son propriétaire.

Amjed est shabak. Sa mission pieuse : gérer au nom de l'État islamique les biens des chrétiens. Lui-même en a naturellement profité pour s'octroyer une maison dans le quartier de Bakr, dans une rue perpendiculaire à l'église du Saint-Esprit, une grosse coque de béton censée représenter l'arche de Noé.

C'est la fin du mois de juin, la maison est paisible, se souvient Marie, tout en racontant qu'à son arrivée les femmes s'affairaient à préparer les mets et les friandises de la rupture du jeûne. Amjed a soixante-dix ans, quatre filles, trois fils, une épouse et une esclave, Suzana, qui est aussi chrétienne et blonde. Elle a été capturée à Qaraqosh, comme Marie, la nuit du 6 août. Je me rappelle ses grands yeux délavés et son sourire d'une mansuétude triste lorsque je l'ai rencontrée après sa libération, en avril 2017, dans la maison de ses parents. Suzana est bien traitée par Amjed. Elle a sa propre chambre, une armoire personnelle, des vêtements et une bague en or. Elle peut même sortir de temps en temps pour faire le marché sous la surveillance d'un tuteur.

En préparant le repas, les deux femmes se parlent de tout et de rien. Suzana émince la viande, Marie la mélange à la menthe et aux épices. Elle regarde longtemps avec envie la table dressée dans la cuisine, avant de comprendre qu'elle peut se servir. Les deux *sabiya* dînent de leur côté, en silence, et Marie goûte ce répit qu'on lui offre loin des hommes.

Après le repas vient l'heure de l'oraison du soir, celle qui commence après l'éclipse totale du disque solaire et s'achève avec la disparition de sa dernière lueur rougeoyante. Amjed conduit la prière et, comme c'est un homme moderne, il demande à chacune de ses femmes de lire un verset du Coran. Marie m'a dit qu'elle était tombée sur un passage de la sourate de la Vache. L'a-t-elle fait exprès ? Elle a souri quand je lui ai posé la question. « Mais voilà, vous vous entre-tuez, vous expulsez certains d'entre vous de leur demeure, vous les dominez par le crime et l'iniquité. S'ils deviennent vos captifs, vous les rançonnez. Or les expulser vous est interdit. Adhérez-vous à une partie de l'Écrit pour en éliminer une autre ? Quel sera donc le salaire de ceux qui, parmi vous, agissent ainsi, sinon l'opprobre dans la vie de ce monde ? Au jour du Relèvement, ils seront conduits au supplice le plus inexorable. Allah n'est pas inattentif à ce que vous faites. » Marie lit si bien l'arabe sacré, en une mélopée de terminaisons érudites, qu'Amjed se retourne furieux vers Suzana, qui n'a pas étudié au-delà de l'école primaire : « Ignorante », lâche-t-il. Et voici que lui, à moitié analphabète, fait le savant, imite les imams de la mosquée qui interprètent les sourates en posant une main sur le Coran, et accouche en bafouillant de sentences contradictoires sur la nécessité d'être charitable tout en pratiquant l'esclavage, au risque de mourir dans d'atroces punitions divines.

Quand Marie lui raconte un peu plus tard dans la soirée l'histoire de son pied brisé, Amjed s'indigne, déclare vouloir poursuivre les propriétaires qui l'ont si mal traitée, et elle se prend à espérer qu'il l'achète aussi.

Les deux chrétiennes se font des confidences toute la nuit. Suzana raconte sa douleur de ne pas avoir pu donner de fils à son ancien mari, il a disparu maintenant et elle aurait tant aimé l'attendre en regardant le visage d'un enfant qui lui ressemble. Marie la questionne surtout sur son propriétaire. Elle veut mesurer, classer, comparer leurs sorts. Mais Suzana ne lui dit pas grand-chose. Elle a fini par s'abandonner à sa prison sans heure et sans jour. Elle a la tête lourde. C'est parfois plus confortable de renoncer à penser.

Dans les insomnies qui saisissent Marie, quand elle pèse et rejoue jusqu'au bout de la nuit les hasards des destinées, elle regrette de n'avoir pas eu un maître comme Amjed, et elle se convainc elle-même qu'il y avait chez Suzana le début d'une inclination inavouable pour lui. Personne n'a jamais souffert autant que moi, se répète Marie, personne.

Le lendemain Amjed a déjà laissé tomber ses projets chevaleresques et procéduriers. Sa poussée de générosité, née dans la religiosité digestive de son gynécée, est retombée comme une pâte sans levain. D'ailleurs, même de son esclave il se débarrassera lorsque le siège de Mossoul se durcira. Il la revendra à Omar, une brute de Tell Afar dont Suzana m'a parlé le regard vide.

Marie repartira donc avec Abou Riad l'avocat. Que s'est-il passé ? Sans que je sache pourquoi, Marie n'a pas voulu l'incriminer ni donner son nom d'état civil, de peur que Yohanna, qui connaît tous les avocats de la région, le reconnaisse. Abou Riad est rarement là, il ne la bat pas, le reste je ne sais pas. Il fait des repérages pour l'État islamique, m'a quand même expliqué Marie. Il a visité la Jordanie et la France, du moins c'est ce qu'elle déduit des photographies de l'aéroport

Charles-de-Gaulle qu'il lui montre. Mais il ment tout le temps, s'est-elle aussitôt ravisée. D'ailleurs il ne paie plus le loyer, et il l'a déjà vendue sans lui dire à Abou Human.

*

Abou Human n'a rien d'humain. Il demande à Marie d'ôter son niqab et son *abaya* pour vérifier ses seins et ses jambes. Je n'ai pas osé demander pourquoi les jambes. Il y a des curiosités qui ajoutent à l'obscénité du viol. Et puis parfois je m'effrayais moi-même lorsque je m'apercevais que je commençais à entrer dans la logique de ces sadiques. La question est morte avant d'avoir franchi le seuil de mes lèvres. Je ne voulais plus savoir, et c'est pourtant Marie qui m'encourageait : « Mais vas-y, pourquoi t'arrêtes-tu ? Demande-moi ce que tu veux. » Cette question-là, je n'y arrivais pas. Connaît-elle d'ailleurs seulement la réponse ? Les seins, j'imagine, mais les jambes ? Était-il un fétichiste du galbe ? Les préférait-il musclées, longues, grasses, concaves, convexes, callipyges ? Cherchait-il les jambes solides d'une servante ou souples d'une concubine ? Ou bien voulait-il vérifier qu'elle pourrait courir sous les bombes ? Avait-il entendu parler de sa tentative de suicide et voulait-il s'assurer qu'elle n'était pas trop endommagée ? Ces énigmes comme beaucoup d'autres sont restées en suspens devant son sourire navré.

Il est 2 heures du matin et Marie n'oubliera pas non plus cette nuit à Nabi Younès, le quartier du tombeau du prophète Jonas. Abou Human a élu temporairement domicile dans la maison d'un médecin qui a fui la ville. Elle se souvient des stéthoscopes, de la balance et de la table de consultation aux étriers en fer, celle sur laquelle il l'a fait s'allonger entièrement nue pour coller ses yeux myopes sur la peau de ses cuisses à la recherche de cette faille qui m'échappe. Après de longues minutes, il lui ordonne de se lever, l'empoigne par les hanches, et la force debout devant la fenêtre ouverte ; le parfum d'été saturé des effluves de jasmin fané qu'elle respire lui soulève le cœur.

La bataille de Mossoul n'était pas encore finie quand j'ai visité le tombeau de Jonas. Je me souviens d'un interminable escalier, épousant les jardins en terrasse qui recouvrent le tell. Là-haut, toute la ville s'offrait à moi. Je voyais parfaitement, de l'autre côté du Tigre, les tirs d'artillerie de la coalition abattre le vieux Mossoul.

De la mosquée construite autour du tombeau, il ne restait qu'un magma de béton maculant les pentes de la colline. Prétextant que toute prière sur un lieu contenant une sépulture est un acte d'apostasie, les djihadistes l'avaient truffée d'explosifs à midi, un jour de jeûne du ramadan, un mois après la prise de la ville en 2014, et ils avaient tout fait sauter. Puis ils avaient gravi la colline avec des bulldozers et des marteaux-piqueurs pour fignoler le travail.

Savaient-ils seulement que la mosquée avait été construite sur une église chrétienne ? Et que cette église avait elle-même été bâtie sur les ruines d'un ancien palais assyrien ? C'est ce passé qu'ils haïssent qu'ils ont pourtant eux-mêmes exhumé de la terre éventrée. Les archéologues, après la libération de Mossoul, ont accouru pour voir le palais d'Assarhaddon, fils de Sennachérib, celui-là même qui apparaît de manière anachronique dans la légende de Behnam et Sarah. Trois jeunes filles gravées dans la pierre des galeries les attendaient, offrandes à la main et sourire aux lèvres, ainsi que des taureaux ailés aux barbes bouclées comme des nids d'escargots. Les archéologues ont tout retrouvé. Mais pas le tombeau de Jonas. Il n'y en a jamais eu.

Les chrétiens, qui se moquent souvent de la crédulité des musulmans, ignorent que ce sont des pèlerins franciscains venus d'Occident au XIVe siècle qui l'ont inventé. En entendant parler d'une colline de Jonas, ils avaient couru comme nos archéologues contemporains pour la visiter. Or on venait d'ouvrir dans la crypte le sarcophage d'un ancien patriarche nestorien, si bien conservé qu'il semblait endormi dans son cercueil. Qui d'autre, se dirent les Franciscains, pourrait bien dormir dans une ancienne église dédiée à Jonas sinon le prophète lui-même ? Les musulmans qui ont occupé le site après eux ont simplement adopté cette histoire.

Dans la matinée, le père d'Abou Human découvre interloqué la jeune femme dans la cuisine. « Ne savez-vous pas que votre fils m'a achetée hier ? » Le vieil homme aux yeux bleus et à la courte barbe blanche devient si rouge que Marie pense qu'il va faire une attaque cérébrale. Il réveille sa progéniture qui ronfle dans un coin de la pièce en lui décochant un coup de pied au ventre. « Rends-la à qui tu l'as achetée ou je te renie ! Et où as-tu trouvé l'argent ? Où ? Dis-moi ! » Difficile de dire si c'est l'immoralité ou la prodigalité de son fils qui exaspère le plus le vieil homme. Ce qui est certain, c'est que les lamentations de la mère, arrivée dans la cuisine pour préparer le café du matin, achèvent de décontenancer le soldat du Califat. « Maman, je ne veux pas te perdre », bafouille-t-il en cachant son visage.

Alors Abou Human grimpe les escaliers de la maison et demande à un citoyen de l'État islamique, qui a fait le voyage depuis Raqqa en Syrie pour acheter des meubles et des armes, s'il ne veut pas aussi par la même occasion emporter une *sabiya*. Abou Khalid, un Allemand d'origine libanaise, hésite. Abou Human le presse, il doit à tout prix se débarrasser de Marie, sa mère peste en bas, il l'entend, et fait à l'Allemand une offre que l'on ne peut pas refuser. Lui n'y aurait pas pensé, mais Marie est blonde, ça lui rappelle le pays. Il se fait encore un peu prier, il fait bien : à chaque lamentation qui monte de la cuisine, le prix baisse, bientôt ce stupide Irakien va finir par le payer pour qu'il le débarrasse de cette femme. Enfin l'affaire est conclue, et Marie est embarquée dans le pick-up au milieu des chaises et des lance-roquettes.

Abou Khalid al-Alemani parle un arabe rudimentaire, il s'est fait tatouer le mot « *War* » sur le pied, il a trente ans, de longs cheveux, et Marie dit qu'il est beau.

Le mythe de Jonas

« Mais où était Dieu à Mossoul ? », m'a demandé Marie. Nous étions en Jordanie. Nous marchions en direction de la colline où le prophète Élie avait trouvé refuge dans une caverne. Un ouragan passa devant Élie, raconte la Bible, puis un tremblement de terre, puis un feu, mais Dieu n'était ni dans l'ouragan, ni dans le tremblement de terre, ni dans le feu. « Après ce feu, le murmure d'une brise légère. Aussitôt qu'il l'entendit, Élie se couvrit le visage avec son manteau. » À Mossoul, le prophète Jonas s'était lui aussi assis sur une colline, à l'abri du soleil sous un plant de ricin. Il était en colère parce que Dieu n'avait pas détruit la ville et ses habitants contrairement à ce qu'il avait annoncé. « Ma mort sera meilleure que ma vie », dit Jonas à Dieu.

Aurais-je dû avouer à Marie que je doutais de ce Dieu dont elle a la certitude ? Ou que je pensais que, s'il existe, Dieu n'a pu qu'être dispersé en morceaux avec les corps jetés dans la grande fosse à la sortie de Mossoul, comme il avait brûlé avec sa création dans les fours d'Auschwitz ? À Mossoul, ils criaient « Dieu est grand » en précipitant dans cette fosse des milliers de condamnés, qui percutaient dans leur chute les cadavres de ceux qui étaient restés accrochés aux parois. On rapporte que, tout près du bord, il y avait une femme sans tête en robe de mariée : elle avait été décapitée le jour de ses noces parce qu'elle s'était maquillée. Aurais-je dû expliquer à Marie que Dieu ne peut pas modifier les lois de la nature ? Ou seulement lui dire qu'il était avec elle en prison, comme l'affirme Jésus ? Qu'il était caché dans sa blessure, souffrant, inquiet, impuissant ? Qu'il était en même temps avec Yohanna qui tentait de la sauver, et qui marchait à présent trois pas devant nous ?

*

« Au *commencement*, par un choix insondable, Dieu décida de se livrer au hasard, au risque, à la diversité infinie du devenir.

Dieu, engagé dans l'aventure de l'*espace* et du *temps*, ne voulut rien retenir de lui-même. Il ne subsiste de lui aucune partie réservée, immunisée, en état de garantir depuis l'au-delà l'élaboration tortueuse de son destin dans la création.

Pour faire place au *monde*, Dieu s'est contracté. Il a laissé naître à l'extérieur de lui le vide, le néant, au sein duquel et à partir duquel il a pu créer le monde. Et il a confié son sort au monde. Il s'est dépouillé de sa divinité pour la recevoir, en retour, de l'odyssée des temps. Dieu sera alors transfiguré, voire peut-être défiguré par elle.

Et pendant l'infinité des siècles, Dieu est à l'abri dans les mains du *hasard* cosmique et des probabilités de son jeu des grands nombres. Il accumule une patiente mémoire du tournoiement de la matière ; une mémoire qui grossit jusqu'à une attente prémonitoire.

Et ce fut le premier émoi de la *vie* – une nouvelle langue du monde. C'est le hasard du monde qu'attendait Dieu. Dans la houle, ondulant à l'infini, de sentiments, de perceptions, d'aspirations et d'actions, qui enfle et qui s'élève toujours plus variée et intense au-dessus des tourbillons muets de la matière, Dieu gagne de la force, et s'emplit d'un acquiescement à soi. Et pour la première fois le Dieu qui s'éveille peut dire que la création est bonne.

Mais avec la vie vint la *mort*. Cette mortalité est le prix à payer. Cette pression de la mort fait aussi toute l'urgence et donc toute la fraîcheur des émotions. Le fardeau et la grâce d'être mortel. C'est à travers la brève affirmation d'un sentiment de soi, d'un agir et d'un souffrir propres à des individus finis que le divin paysage déploie son jeu de couleurs, et que Dieu accède à l'expérience de lui-même.

Avec le *règne animal* s'élargit plus encore l'éveil et la passion grandissante de la vie. L'aiguisement toujours accru de l'instinct et de l'angoisse, du plaisir et de la souffrance, du triomphe et de la privation, de l'amour et même de la cruauté, perce Dieu de leur intensité.

Ses créatures, en s'accomplissant elles-mêmes conformément à leur seul instinct, justifient l'audace divine. En deçà du bien et du mal, Dieu ne peut perdre dans le grand jeu de hasard qu'est l'*évolution*.

Et puis Dieu se met à trembler parce que le choc de l'évolution, porté par sa propre force d'impulsion, franchit le seuil où cesse l'innocence. L'apparition de l'*homme* signifie la montée de la connaissance et de la liberté, et avec ce don à double tranchant, l'innocence cède la place aux tâches de la responsabilité, qui sépare le bien et le mal.

Dieu accompagne à présent ce que l'homme fait, tenu en haleine, espérant et appelant, se réjouissant et se chagrinant, approuvant et désapprouvant. Ébauchée dans les balbutiements de l'univers physique, travaillée jusque-là dans les spirales de la vie préhumaine, l'*image de Dieu* passe sous la garde problématique de l'homme pour être accomplie, sauvée, ou corrompue par ce qu'il fait de lui-même et du monde. L'homme tient le destin de Dieu entre ses mains. Et nos vies deviennent des traits dans le visage divin.

Toute créature a reçu avec cette existence ce qu'il y avait à recevoir de l'au-delà. Dieu, après s'être entièrement donné dans le monde en devenir, n'a plus rien à offrir : c'est maintenant à l'homme de lui donner. Et il peut le faire en veillant à ce qu'il n'arrive pas trop souvent à Dieu de regretter d'avoir créé le monde. C'est dans l'impact de ses actes sur le destin divin que réside l'*immortalité* de l'homme. »

La perle de l'Euphrate

Quatre cents kilomètres de pistes de désert, de chemins de traverse où, malgré les indications données au téléphone par un guide, Abou Khalid l'Allemand se trompe, rebrousse chemin, s'énerve de la communication hachée par les coupures de réseau, et s'affole chaque fois qu'il croit apercevoir dans le ciel un chasseur américain ou français. Les cahots de la route envoient des décharges dans son dos brisé, et Marie ne sait plus si elle doit souhaiter arriver ou continuer à se perdre. Après plus de quatorze heures de route, la nuit du 22 août 2016, elle atteint les faubourgs de Raqqa.

À l'entrée de la ville, le check-point de l'État islamique a remplacé celui de l'Armée syrienne libre, qui lui-même avait remplacé celui du gouvernement de Damas. Une caserne, plus qu'un simple barrage, protégée par des chars et des tireurs d'élite postés sur les toits. L'Allemand abandonne sa voiture dans l'embouteillage et entraîne Marie derrière lui. La baraque où sont vérifiés les laissez-passer est bondée, et la recluse, qui n'a plus l'habitude de voir autant de monde, est étourdie du tumulte des voix. Un jeune garçon amputé n'arrive pas à convaincre les djihadistes qu'il a perdu sa main en travaillant à la scierie et non en les combattant. Une vieille femme crie qu'elle veut prendre la place de son fils emprisonné pour avoir appartenu à l'Armée libre. Malgré cette agitation, le voisin de Marie dort sur sa chaise, enveloppé dans une couverture. Elle se demande où il puise cette sérénité jusqu'à l'arrivée de son neveu qui entrouvre la couverture pour montrer le visage de son oncle à deux soldats : il est mort dans la nuit, et lui veut seulement obtenir un laissez-passer pour le faire enterrer. Impossible, lui répondent les soldats, ses papiers indiquent qu'il était un fonctionnaire du régime syrien et tout cadavre qu'il est, il doit être placé en état d'arrestation. Après deux heures d'attente, on laisse enfin passer l'Allemand et son esclave.

Marie est à Raqqa, mais elle ne verra rien cette nuit, ni les jours suivants, des vestiges de la perle de l'Euphrate, choisie à la fin du VIIIe siècle par Haroun ar-Rachid pour devenir sa capitale d'été. Cette référence féerique au calife des *Mille et Une Nuits* serait, dit-on, une des raisons pour lesquelles Abou Bakr al-Baghdadi aurait fait de Raqqa, après Mossoul, l'autre capitale de son Califat. Cela n'a pas empêché ses hommes de défigurer le buste d'Haroun qui trônait dans un des jardins de la ville.

Le fleuve que Marie traverse dans la nuit est sombre comme une menace, et les parcs arborés de l'ancien royaume abbasside qu'il arrose n'ont plus depuis longtemps l'odeur des coings, des fleurs de grenadier et des cédrats sultani. Et si le premier quartier où elle sera détenue est situé entre le Jardin blanc et la muraille de briques, ce sont d'abord des gratte-ciel en béton, entre lesquels circulent des grappes d'hommes armés, qui l'accueillent.

La voiture, comme dans un jeu vidéo, risque à tout moment de s'encastrer dans les parpaings de sécurité jetés en travers des rues sans éclairage. Lorsque apparaissent enfin la vieille ville et la place de l'Horloge, l'Allemand, excité comme un enfant, lui annonce qu'elle va avoir une surprise. Quand il lui ordonne d'ouvrir grand les yeux, instinctivement, elle les ferme de toutes ses forces. Elle ne verra pas les cadavres des marchands accusés de corruption qui pourrissent contre l'obélisque sur des planches de bois en forme de croix. Ils s'y succèdent depuis des mois pour remplacer les statues à la gloire du socialisme baasiste : un couple de paysans dont l'homme brandissait un flambeau et la femme un épi de blé, célébrant la richesse agricole de la plaine de l'Euphrate. Marie ne voit rien, et c'est pire, car elle imagine tout dans les rires de l'Allemand qui, dans un arabe déformé par son étrange accent, lui souhaite la bienvenue à Raqqa.

Dès qu'ils arrivent à la maison, la femme d'Abou Khalid, une Libanaise, enferme Marie à double tour dans une pièce dont elle confisque la clef en fixant les termes du marché : « C'est elle ou moi, ordure ! » Épuisé en quelques jours par les scènes et les insultes de sa chère et tendre, l'Allemand se résout à se rembourser de cet investissement inutile en vendant la chrétienne au plus grand marchand d'esclaves de la ville.

*

Zahir al-Idlibi a la barbe rouge. Cet ancien journaliste d'Al Jazeera, originaire d'Idlib, couvrait la révolte quand il a décidé de rejoindre l'État islamique. Aujourd'hui qu'il est marchand, il se fait appeler Abou Staif. Il n'a pourtant pas tout à fait perdu le goût de son ancien métier : il aime bien montrer les rushs de ses reportages à ses esclaves.

À Raqqa, c'est une star. Il faut dire que, dans la petite ville assoupie, une des occupations préférées des habitants est de s'installer sur les matelas de mousse molle du salon, et de faire passer leurs yeux de l'écran du téléphone à l'écran de la télévision branchée sur la chaîne d'information qatarie. Cela fait longtemps qu'en Syrie, elle est devenue un vecteur de propagande de l'insurrection, ce qui n'est pas étonnant puisque tous ses journalistes soutiennent le soulèvement contre le régime de Bachar, quitte à minimiser les crimes des forces islamistes qui commencent à s'organiser. Je me souviens d'avoir regardé Al Jazeera à Deraa, où plus une mouche ne volait, tandis que la chaîne prétendait quant à elle que la cité était à feu et à sang en diffusant des images de jours précédents.

Si quelqu'un à Raqqa veut acquérir une *sabiya* ou l'échanger, Abou Staif est l'homme de la situation. Dans un hangar exclusivement réservé à la vente des filles, il entrepose trente femmes, qui se renouvellent au gré des ventes. Au-dessus des matelas jetés sur le sol, il y a des anneaux pour les attacher : on peut essayer avant d'acheter. Marie m'a dit qu'après Loaï, c'est celui qui lui a infligé les pires souffrances. Elle oubliait qu'elle m'avait déjà déclaré cela à propos du vieil imam.

Quand Marie devient sa propriété, Abou Staif répudie sa première femme et l'expédie en Turquie avec ses trois filles, des triplées qu'elle vient tout juste de mettre au monde. Pourquoi s'embarrasser de cette marmaille vagissante et de cette épouse qui se remet de ses couches, alors qu'il lui suffit de puiser dans un harem de chair presque aussi inépuisable que celui des vierges du Paradis ?

Mais parce que c'est un sentimental, au fond, Abou Staif avait déjà épousé une de ses captives, une jeune yézidie aux yeux noirs et à la peau cuivrée dénommée Houda, méchante comme une Furie romaine, jalouse comme une déesse grecque. Elle et ses trois sœurs, Hadeel, Hadiya et Shaged, se sont converties à l'islam et ont épousé des membres de l'État islamique. Houda, heureuse de son ascension sociale, s'est vu confier la tâche d'apprêter les esclaves avant qu'elles ne soient présentées à leurs acheteurs. Pour ses anciennes coreligionnaires, elle choisit les robes, les parfums, le maquillage ; elle les pare, joue à la poupée, à la maquerelle. Une vraie pourriture.

Parfois Houda les fait se déshabiller dans le hangar et les asperge d'une eau glacée qu'elle puise dans la cour avec un seau et qui leur coupe le souffle. Vient ensuite la séance de photographie : le journaliste met en scène ses « chéries » grâce au matériel de professionnel qu'il a conservé. Marie grelotte. Elle sait qu'elle passera à nouveau de regard en regard, de main en main sur le téléphone des acheteurs potentiels. Mais Marie est la chrétienne du lot, et Abou Staif veut pour lui seul cette femme aux boucles dorées et à la peau blanche. Elle lui tourne la tête, il commence même à parler mariage. Et s'il allait me répudier à mon tour ? s'inquiète Houda. Elle connaît la chanson, c'est la sienne.

Puisqu'elle n'a pas gagné la bataille contre Marie, la guerre d'usure commence. Houda et ses trois sœurs la privent de shampoing, se liguent pour la faire battre. Marie a une jolie forme de sourcils arrondis, que les yézidies l'accusent d'épiler, ce qui est formellement interdit. Alors le journaliste frappe Marie pour la punir, pour la paix de son ménage, et puis parce qu'il aime ça.

Fascinante dialectique d'ailleurs que le Califat et l'islam en général élaborent au sujet des poils. « On brûle pour un visage pareil au brocart de Chine, un visage de fée dont les sourcils en forme d'arc percent les cœurs du dard de l'œillade, décochée par les yeux ivres, dont les cils sont aussi d'autres flèches », chantent des poèmes iraniens adressés aux houris. Pourtant al-Boukhari rapporte dans un hadith que « Dieu a maudit les femmes qui tatouent et celles qui se font tatouer, les femmes qui s'épilent, celles qui se liment les dents pour se rendre plus belles, en un mot toutes celles qui dénaturent l'œuvre de Dieu ». L'épilation et la teinture des cheveux qui érotisent le visage sont donc totalement illicites sur le territoire islamique. Pour le reste de la peau dissimulée, c'est une autre histoire. Dans une glorification des corps glabres et inexpérimentés, bikini intégral, duvet, le moindre poil est traqué, et la crème épilatoire est distribuée dans toutes les maisons de recluses du Califat.

*

Parce que l'on finit toujours par se lasser, même de ses gourmandises préférées, un jour le journaliste cède Marie à un autre marchand d'esclaves, Abou Ossama.

C'est un Français d'origine syrienne, un jeune homme malingre à la barbe pubescente qui remonte jusqu'à la naissance de deux pommettes saillantes. Il a désiré Marie dès qu'il l'a vue, et quand il a appris qu'elle était chrétienne, une vraie, une d'Orient, il n'y tenait plus. Pour la posséder, il est allé jusqu'à vendre sa voiture.

Abou Ossama lui murmure des mots d'amour dans la langue de Booba : « 15 dans le chargeur, 6 dans le barillet. Fais-moi à manger, donne-moi ton cœur, j'vais te marier. Tellement d'ennemis si peu d'alliés. Laisse-les saliver. Tout niquer, tout niquer, tous les niquer, c'est ça l'idée. » Il jure vouloir l'épouser – un projet auquel il renoncera par peur du qu'en-dira-t-on lorsqu'il apprendra qu'elle a dix ans de plus que lui. En attendant, Marie, qui comprend à sa moue niaise qu'il lui débite une chanson d'amour, se demande si elle va pouvoir enfin trouver un peu de répit, une cage plaquée or, comme celle de Suzana à Mossoul. L'espoir ne dure pas longtemps. Est-ce par passion ? Le Français commence par lui briser les poignets avec le balai d'un essuie-glace au caoutchouc usé qui cingle comme un martinet.

Abou Ossama à la guerre, Rachid à la ville, est tombé dans le commerce d'esclaves un peu par hasard. Sa première année à Raqqa, ce fils d'épiciers de Lunéville qui touchait le RSA l'a passée dans les cybercafés syriens à draguer sur Facebook et à manger des kebabs. Il sursaute au bruit des bombes. Les kalachnikovs lui servent surtout à attirer les djihadettes. Tout à coup, lui qui fantasmait sur les inaccessibles bimbos américaines derrière son écran est devenu, grâce au djihad, un « beau gosse », comme il dit. Les propositions de mariage de « sœurs » affluent dans sa messagerie : des filles propres, croit-il utile de préciser à ses « frères » restés au pays.

C'est l'époque où djihad rime encore avec grandes vacances. Sur Instagram, ces adolescents psychopathes aux cheveux longs postent des photos où ils se gavent dans le souk de Raqqa des feuilles d'abricot kamardine, plongent dans les eaux vertes de l'Euphrate ou décapitent quelques « bâtards de mécréants », dont ils traînent les cadavres violacés derrière leurs BMW. De vrais films d'horreur *made in charia*. Abou Ossama le Français ne regrettait pas encore d'avoir rejoint la colonie syrienne, pays de cocagne où on baise et où on fait des cartons sur des cibles, comme dans ce jeu qu'il adorait, *Call of Duty*, mais « *in real life* ». Les turpitudes sont les mêmes que dans le quartier, mais ici la religion légitime tout : les larcins deviennent des butins, les mensonges des ruses de la foi, les viols des actes de purification. C'est l'ère des racailles de Raqqa.

Quand l'État islamique a rendu licite le trafic d'esclaves, Rachid a repéré de jolies adolescentes yézidies qui récuraient les sols. Comme le garçon dodu de *Charlie et la Chocolaterie* qui passe d'une rivière de chocolat à une cascade de sirop de fraises, il s'est mis à acheter compulsivement des femmes, avec l'argent qu'il s'est procuré en France en faisant des crédits à la consommation dont il ne rembourse pas les échéances. Ce pays de « *kouffars* racistes » continue même à lui payer ses allocations sociales, rigole-t-il.

Et puis, lorsque son harem est devenu trop coûteux à entretenir, Rachid a eu une idée : en faire un commerce. Un commerce utile à l'État, et surtout loin de la ligne de front. C'est que l'entrée en guerre de la coalition internationale en 2014 a sonné la fin de la récréation. Les frappes s'intensifient, et les émirs cessent de rire. Il voit la tête d'un de ses camarades exploser devant lui. Rachid le banlieusard, même recouvert des poils d'Abou Ossama le guerrier, tremble. Il a peur d'être tué, et plus encore d'être exécuté par les chefs de l'État islamique qui commencent à voir des traîtres partout. Il s'imagine en tenue orange, les mains dans le dos, dans le désert, en train d'ânonner dans un arabe de misère sa dernière prière. Il est venu pour les « frères », c'est vrai, mais surtout pour les « sœurs », et très peu pour se retrouver au paradis des martyrs, ou alors « vite fait », comme il dit. « Pourquoi j'irais me battre ? Si je suis blessé, je recevrai 20 dollars ! 15 euros quoi ! Même pas le prix de deux menus *long chicken* au Burger King », a-t-il expliqué à Marie qui n'a jamais entendu parler des sandwichs à l'huile de palme.

*

C'est dans une *madafa* que Rachid a rencontré son épouse légitime, Nathalie. L'idéologue du couple, c'est elle. Cette ex-vendeuse de lingerie fine à Créteil, qui postait des selfies en string sur son Instagram, est devenue plus « daeshienne » que Daesh et applique les règles avec le fanatisme des converties « souchiennes ». Nathalie accueille désormais les soldats du Califat comme des anges tombés du ciel. Avec eux tout redeviendra comme avant, dit-elle. Mais à quel « avant » pense-t-elle ? À celui où son père ne l'avait pas abandonnée pour partir fonder une nouvelle famille ? À celui où on ne la traitait pas de « sale chienne » devant le lac de la cité ? Ou à celui de l'islam conquérant qu'elle fantasme, sans jamais avoir ouvert un livre d'histoire ?

Nathalie dit qu'en portant le voile intégral elle s'est reconstruit une nouvelle peau, que si on l'enlève, il ne reste que les os.

À chacun de ses veuvages, elle est retournée sans se plaindre dans la *madafa*, pour pleurer ses maris morts, et surtout pour s'assurer après un délai de viduité de quatre mois et dix jours qu'ils ne lui avaient pas laissé un lionceau dans le tiroir. Plus les jours passaient dans ce gynécée sordide et plus Nathalie désespérait de ne jamais tomber enceinte avant que ses maris ne tombent au combat. Qui lui fera un enfant ? Le prochain ? Elle a déjà plus de trente ans. Il n'y a de toute façon qu'une seule porte de sortie à ces immeubles où sont parquées sur plusieurs étages les veuves, les divorcées et les arrivantes : le mariage.

Alors les filles attendent impatiemment le speed-dating quotidien de quinze minutes avec les combattants. D'où viens-tu ? Qu'attends-tu du mariage ? Quelle est ta conception du djihad ? Elles peuvent montrer sur demande leur visage, mais interdiction formelle de découvrir leurs cheveux. Au suivant. Elles ne veulent ni Noir ni Asiatique. De préférence des Blancs aux yeux bleus ou des Arabes qui parlent la belle langue du Prophète. Au suivant. Quand un Tchétchène débarque devant elles avec sa réputation de brute, elles se décomposent. Au suivant. Eux veulent des lèvres pulpeuses et des formes généreuses, si possible une « bombe atomique » à l'allure orientale. Suivante. Les filles parlent de leur beauté intérieure, débitent qu'elles sont des perles, en essayant de bien se conformer au modèle d'épouse qu'elles ont bûché dans les revues salafistes. Les combattants parlent du nombre de rapports sexuels quotidiens dont ils ont besoin. Finalement tout le monde se marie à la chaîne dans l'usine matrimoniale du Califat : il faut bien sortir, il faut bien se reproduire, il faut bien mourir.

Quand Rachid de Lunéville, alias Abou Ossama al-Firanci, est venu la chercher pour l'épouser, Nathalie ne lui a demandé que deux dattes en guise de dot. Il a eu plusieurs enfants de ses yézidies, c'est un bon géniteur, et c'est tout ce que demande la Française. Elle se plie rapidement à ses règles, embrasse son commerce, adopte toutes ses *sabiya* jusqu'à la dernière, cette chrétienne qui fait briller les yeux de son mari. Elle lui tiendrait les jambes écartées pendant qu'il se soulage en elle s'il l'exigeait. Mahomet lui-même n'a-t-il pas eu une esclave copte, une Marie justement ?

*

Nathalie n'a plus d'orgasme. Elle ne s'en émeut pas : elle a entendu les théologiens dire que « le fait de donner du plaisir est plus délectable que celui d'en recevoir, en sachant que les portes du Paradis s'ouvrent à l'aube, au bénéfice de celle qui s'y emploie dans le creux de la nuit ». Parfois quand elle s'endort sous le poids de Rachid, elle rêve qu'elle est une houri, cette « forme purifiée de femme » que fantasment son mari et tous les combattants du Califat, avec son corps sans sueur, sans urine, sans vergetures, qui n'a jamais faim, jamais soif, qui n'a ni désir, ni liberté. Cette idole au visage de lune, que chantent les poètes iraniens, qui dissimule sous une poitrine d'argent un cœur de pierre. Cet être qu'aucun homme ni djinn n'a touché avant celui qui la reçoit, et qui dans sa candeur apaise la peur infantile que ressent l'homme devant une femme mûre.

En l'an 2000, certainement terrifié à l'idée de prendre un coup de couteau, un chercheur s'est caché derrière le pseudonyme de Christoph Luxenberg pour publier un ouvrage polémique tentant de démontrer que la source du Coran serait un lectionnaire chrétien, rédigé en syriaque, la langue de Marie. Mahomet s'en serait saisi pour convertir sa tribu, en lui racontant les extraits bibliques et les hymnes chrétiens qu'il contenait. C'est l'ajout tardif des signes diacritiques au texte arabe qui aurait effacé l'étymologie syriaque de certains termes coraniques, les condamnant depuis à l'obscurité. Il en irait ainsi de ces mystérieuses houris, qui ne seraient pas des « vierges aux grands yeux », mais des « grappes de raisins blancs ». Les martyrs à leur arrivée au Paradis ne tendraient donc pas la main à des demi-mondaines, mais tiendraient entre leurs mains des coupes de vin, à la suite des élus des Évangiles, auxquels Dieu n'a pas promis grand-chose d'autre pour étancher leur sensualité.

Du syriaque, qui est un dialecte araméen, il est dit qu'il est la langue du Paradis : celle que Dieu parlait avec Adam et Ève avant qu'ils ne soient chassés du jardin d'Éden ; celle que Jésus parlait avec ses compatriotes juifs ; celle que les morts entendront lors du Jugement dernier. Un texte syriaque du début du ve siècle prophétise que « ce jour-là, les actions de chacun des ressuscités seront écrites sur leur peau, et leurs corps seront les rouleaux des registres de la justice.

Là, personne qui ne sache l'art d'écrire, puisque chacun ce jour-là lira les écrits de son propre livre et fera le compte de ses actions sur les doigts de ses mains ; de sorte que même les ignorants connaîtront la nouvelle écriture de la nouvelle langue et qu'il n'y aura personne pour dire à son voisin : "Lis-moi ceci." »

Marie ne veut pas attendre si longtemps. Elle veut que j'écrive avec de l'encre les crimes que ses propriétaires ont taillés sur son corps, et dans un livre rédigé en français, ou en anglais, pas en syriaque, et elle m'épelle leurs noms et leurs surnoms : « Écris ! »

*

Nathalie se rappelle la procession qu'elle a vue passer, juchée sur les épaules de son père, un jour de vacances dans le Midi. Il y avait une très belle Vierge noire devant laquelle se prosternaient les gitans. Elle aussi, à présent, ne jouit plus que lorsqu'on l'implore à genoux.

Quand on est venu la chercher pour faire partie d'al-Khansa, la brigade de la vertu, c'est une mission qu'elle a accueillie comme si elle venait de l'archange Gabriel. Trois heures par jour, Nathalie échappe à l'univers pesant de la maison, arpente les rues de Raqqa à la recherche de sœurs à l'*abaya* trop ajustée ou au tissu trop brillant puisque le Califat vient d'interdire le Lycra. Elle vérifie les cinq voiles prescrits : le voile intégral pour le visage (niqab), la double voilette pour les yeux (*sitar*), la robe ample à quatre épaisseurs pour le corps (*abaya*), les gants et les chaussettes. Aux étourdies qui la supplient, elle administre les coups de fouet. Et puisque l'État islamique a suivi la pente dure de tous les fanatismes qui succombent au mercantilisme, elle s'assure que toutes achètent le seul niqab désormais réglementaire, celui vendu par la brigade de la vertu.

« La tête de la femme, c'est la vulve de son vagin », dit l'imam Abou Ishaq al-Houini. Nathalie ne s'est jamais interrogée sur la vie des femmes qui sont nées en terre d'islam et à qui les hommes ont interdit de paraître, et parfois même d'apparaître, les cloîtrant jusqu'à la fin de leur existence entre les murs d'une maison, sous un drap, privées de monde extérieur où se réaliser, dépouillées de leurs désirs propres, figées dans le besoin de leur mari. Elle a eu la liberté de regretter ses poses en string pour ses « followers », d'avoir honte : honte d'elle-même, de ses anciens amants de la cité, de son père infidèle. Alors elle arrache à la pince les ongles vernis qu'elle découvre sous les gants, mord à pleine dents d'acier les seins jusqu'à ce que mort s'ensuive.

Elle aurait aimé se battre comme un homme contrairement à son homme, mais on ne le lui propose pas ; à défaut, elle se réjouit de faire partie des commandos de sadiques, de perpétuer la malédiction des femmes, de punir son sexe du désir des hommes. Et elle ramasse dans les rues de Raqqa, jour après jour, les femmes qui sont sorties sans leur tuteur, ou dont elle a aperçu la peau du poignet, ou dont elle a entendu le son de la voix au marché ; et elle découpe et scie avec une délectation vertueuse. Chaque soir, elle désinfecte ses pinces et ses mâchoires à l'alcool ; c'est une odeur qui sature les cauchemars de Marie.

*

Ahmed déteste parler de sa vie sous le Califat. Ce jeune chirurgien de l'hôpital al-Joumhouri de Mossoul était pourtant devenu malgré lui un spécialiste des châtiments prévus par la *charia*. Avant que la partie de la ville dans laquelle il exerçait ne soit libérée, une de ses tâches consistait à cautériser les moignons des voleurs auxquels on venait d'amputer la main.

La bataille de Mossoul n'était pas encore finie quand il m'a expliqué le procédé de la barbarie médicalisée mise en place par l'État islamique. Seuls les larcins supérieurs à 50 dollars étaient passibles de l'amputation. L'exécuteur de la sentence, qui tranchait la main avec un cimeterre, était toujours accompagné d'un « *diwan* sanitaire ». Mais le bras du supplicié avait au préalable été anesthésié, mesure de charité d'un État moderne, disaient les imams. Puis l'amputé était conduit à l'hôpital où il recevait trois jours de soins, pas un de plus, à la charge du Califat. Le même protocole était appliqué en cas de lapidation, si elle ne conduisait pas à la mort de la femme.

On raconte que les Français et les Belges s'étaient spécialisés dans la décapitation avec des couteaux mal aiguisés, parce que moins c'est tranchant, plus ça fait mal, et qu'ils commençaient la découpe par la nuque, parce que plus c'est long, plus ça fait mal.

En pansant les plaies, Ahmed a été un des maillons des crimes de l'État islamique. C'est aussi un héros qui a soigné six mille personnes durant la bataille. Un héros qui ne se pardonne pas d'avoir été un salaud. Aurait-il dû s'enfuir, se suicider ? Sa dissidence était marquée par sa barbe qu'il taillait courte en signe de protestation. La *hisbah*, la police islamique, est venue l'arrêter au cours d'une opération pour ce motif, et puis ils l'ont relâché : il y avait pénurie de médecins.

Il était en train de se souvenir de ce jour où une patiente de dix-sept ans, conduite aux urgences pour une infection, a failli mourir parce qu'on lui refusait l'entrée au prétexte que son *abaya* n'était pas assez ample, quand l'entretien a été brusquement interrompu par un arrivage de blessés. Sur un lit de camp en fer, il a allongé une femme secouée de spasmes qui venait de fuir le bombardement du quartier d'al-Jadida : elle avait marché sept heures pour rejoindre Mossoul-Est. À côté d'elle, une petite fille, que je n'ai pas eu la force de photographier, s'éteignait dans les bras de sa mère.

*

Nathalie commence à regarder son mari d'un autre œil. Ce lâche, ce débauché priapique, qui joue à la poupée avec ses *sabiya*. « Tu crois que le Paradis va tomber tout cuit ? Mais bouge-toi ! Meurs comme un homme au lieu de vivre comme une merde ! » Par peur des poings de Rachid qui n'affronte jamais les hommes, mais frappe souvent les femmes, elle se garde de dire trop haut ce qu'elle pense, mais son regard hurle son mépris.

Rachid le sent. Parfois la nostalgie le prend, et lui qui déteste la France et la République regarde Hanouna à la télévision satellitaire. Il est « mort de rire », il se roulerait bien un joint : « Putain, ça me manque ! », explose-t-il dans le salon. Il ne supporte plus sa mégère qui jamais ne rentre bredouille de la chasse à la mécréante. Son camion de ramassage est toujours le mieux rempli. Bientôt, c'est elle qui équipe les femmes candidates à l'attentat-suicide. Elle scotche les tubes explosifs entre les culottes et les soutiens-gorge avec une dextérité d'infirmière. La Française y gagne encore en pouvoir : elle bénéficie de certaines dérogations, comme du tabac à chiquer ou des paquets de Gauloises qui lui rappellent le pays dans ce Califat où fumer est passible de mort. Au restaurant qui jouxte la *hisba*, sa table se couvre de mezzé. Pour elle on trouve toujours les pois chiches les plus fins pour le houmous, le persil le plus gras pour le taboulé. Elle mange les longs rubans de kebabs à grosses bouchées comme les hommes. Et chez les commerçants qui osent encore lui demander de l'argent, c'est moitié prix.

Rachid commence à avoir peur de sa femme. Lui aussi veut que tout redevienne « comme avant », quand elle le regardait frémissante d'admiration. Et s'il rentrait en France ? Auréolé de son expérience syrienne, il deviendrait surement le caïd du quartier.

Dieu rapiécé

À Auschwitz, Etty Hillesum a rapiécé l'idée de Dieu. Il faut éviter les références à la Shoah quand on écrit sur les catastrophes d'autres peuples : c'est une facilité, souvent déplacée. Mais je parle de Dieu ici. Parce qu'Etty Hillesum sait désormais qu'il ne faut rien lui demander, et rien attendre de lui. Et puisqu'il ne peut rien pour elle, c'est elle qui lui fait des promesses.

Quand commencent les déportations en Hollande, elle se porte volontaire pour aider à l'hôpital du camp de transit de Westerbork. Il lui reste un an à vivre et elle écrit dans son journal : « Mon Dieu, tu sembles assez peu capable de modifier une situation finalement indissociable de cette vie. Il m'apparaît de plus en plus clairement, à chaque pulsation de mon cœur, que tu ne peux pas nous aider, mais que c'est à nous de t'aider et de défendre jusqu'au bout la demeure qui t'abrite en nous. Je vais t'aider, mon Dieu, à ne pas t'éteindre en moi. »

Le Dieu impuissant qu'Etty Hillesum a découvert est peut-être le dernier auquel les hommes peuvent croire. Un Dieu souffrant qui a besoin d'un nouveau mythe de la création. Celui, par exemple, créé par le philosophe Hans Jonas et que j'ai résumé quelques pages plus haut. Il l'explique :

« Nous pouvons affirmer qu'un Dieu tout-puissant ne serait pas entièrement bon. Étant donné les actes monstrueux que les hommes commettent parfois envers d'autres hommes, on devrait attendre du bon Dieu qu'il intervienne par un miracle. Je pense aux enfants gazés et brûlés à Auschwitz, aux fantômes d'hommes et de femmes sans visage, déshumanisés des camps, et à toutes les autres victimes innombrables d'autres holocaustes dont notre époque a fait l'expérience. Aucun miracle, pourtant, ne s'est produit. Pendant toutes les années qu'a duré la furie d'Auschwitz, Dieu s'est tu.

Les seuls miracles qui se produisirent vinrent des hommes. Ce furent les actions des justes, isolés, inconnus parmi les nations, qui ne reculèrent pas même devant l'ultime sacrifice pour sauver les victimes, pour adoucir leur sort, voire, s'il ne pouvait en être autrement, pour le partager. Mais Dieu, lui, s'est tu.

Si Dieu n'est pas intervenu, ce n'est pas qu'il ne le voulait pas, mais parce qu'il ne le pouvait pas. Et il ne le pouvait pas parce que, au commencement, il s'était dépouillé de tout pouvoir d'immixtion dans le cours physique des choses du monde.

Mais c'est seulement dans le domaine physique que se rapporte l'impuissance de Dieu, non au principe de l'appel aux âmes, de l'inspiration des prophètes. C'est du cœur des hommes que Dieu monte pour acquérir sa puissance.

Dieu peut se rendre audible dans le monde ; c'est autre chose que de faire bouger le monde. C'est la seule causalité divine que je concède. »

Rendez-vous en France

Au cours de l'été 2016, après un énième raid aérien mené par l'aviation franco-américaine, Rachid en a définitivement assez des bombes et des bistouris de sa femme. Sa décision est prise : il va rentrer à Lunéville pour mener une vie rangée de bourgeois salafiste, dans un pavillon coquet, entre la mosquée et l'épicerie, avec son épouse, au doigt et à l'œil. Le Lidl du coin est quand même mieux achalandé que le Mall de Raqqa. Et puis le commerce de *sabiya* n'est plus aussi lucratif. Les soldats sont fauchés depuis que le Califat enregistre des revers militaires.

Pour financer son retour, Rachid n'a pas d'autre choix que de vendre ses esclaves. Et plus d'autre solution que de se tourner vers leurs familles. Il n'a aucune difficulté à entrer en contact avec les familles des yézidies. Depuis les deux ans d'occupation, de part et d'autre des frontières de l'État islamique, un complexe système de négociations de rançons s'est mis en place, avec ses intermédiaires, ses agents de change, ses passeurs. Avec ses héros et ses profiteurs. Comme l'écrasante majorité des esclaves est yézidie, les officines qui s'occupent de ce marchandage vers la liberté se sont installées à Duhok, dans le nord du Kurdistan irakien. Un échange téléphonique, un mandat, ensuite le reste de la somme est versé lorsque la femme est rendue. Rachid demande 15 000 dollars pour chaque yézidie.

*

Sur la photographie prise par Rachid, la seule qui m'est parvenue de Marie en captivité, on voit une jeune femme amaigrie. Le cliché date de septembre 2016, mais ses couleurs sépia s'estompent déjà. Quand il l'a prise, le Français voulait-il faire un inventaire des « biens » qu'il s'apprêtait à céder, ou garder un souvenir de ses esclaves pour le punaiser sur un mur de son futur pavillon de Lunéville ? La chrétienne est assise sur ses talons entre quatre jeunes filles aux cheveux noir goudron, des esclaves yézidies. Elle se tient sur un matelas de mousse, recouvert d'un coton parme imprimé d'un motif de pommes bleu ciel, qui lui servait aussi de lit mais qui est presque aussi mince qu'un tapis. Lui aussi doit sentir la semelle et le savon à la violette synthétique. À côté des yézidies, une rangée d'enfants, les rejetons que le propriétaire a eus avec elles, dont l'un tient un canard en plastique jaune sur les genoux. Tous sont pieds nus et on imagine que les femmes aussi. Elles portent les robes colorées des montagnes du

Sinjar ; seule Marie est en pantalon noir à pois blanc avec un corsage plissé rouge. Elle aime cette couleur qu'elle continuera à porter à sa libération. Elle est différente des autres, plus âgée, trente-sept ans déjà, altière, les mains posées sur le haut des cuisses.

*

La maison du Français se vide peu à peu. Il ne reste bientôt plus que Marie, le morceau de choix chrétien dont il espère pouvoir tirer 100 000 dollars. Pourtant, quand il lui demande de prendre contact avec sa famille, elle refuse. Elle ne veut pas rentrer en Irak, elle ne veut plus retourner dans la région de Mossoul, ni même à Erbil où une partie des siens a trouvé refuge. Elle ne veut pas affronter leur regard. Mais le Français insiste : « Je veux te rendre ta dignité. »

Depuis qu'il a commencé à réunir la somme qui lui permettra de gagner la Turquie, puis la France, Rachid se construit une image de libérateur. Un type bien, magnanime, la classe. Pour un peu, il posterait son nouveau statut sur Facebook. Notre humaniste de la dernière heure vante à l'esclave les charmes de la liberté et de sa vie future : « Tu seras l'héroïne de la communauté internationale, grâce à moi ! » Marie voudrait surtout une paire de chaussures, elle est pieds nus depuis que les lanières de ses vieilles sandales ont lâché. « Ne t'inquiète pas, l'ONU te donnera des souliers et tout ce que tu voudras dès que tu auras regagné Qamichli. Ils t'attendront avec un passeport, te conduiront directement en France, et peut-être qu'on se retrouvera là-bas ! »

Le Français tremble d'être repéré. Il est pressé de tracer vers son destin hexagonal, et les atermoiements de la *sabiya* l'exaspèrent. « Ne veux-tu pas redevenir une femme libre et respectable ? », trépigne-t-il. Libre ? Oui, mais où ? Marie sait ce qui l'attend dans son pays, elle sent le poids du regard que les chrétiens poseront sur elle ; ce regard, c'est le sien. Leurs préjugés, leur cruauté, leur mépris, elle aussi les partage vis-à-vis de cette chair souillée, avilie, sale, qui lui colle à la peau. Et puis revient-on du pays des morts, puisqu'elle est morte, n'a-t-elle cessé de me dire, le jour où elle a été vendue à Qaraqosh ? Sa patrie désormais est celle des ombres damnées du Califat. Alors Marie se raccroche au cadre de son goulag, aux règles de son enfer. Là-bas, ils verront son corps ; ici, elle peut le cacher sous la tente de son *abaya*. Elle en dissimule chaque centimètre carré avec un soin que loueraient Nathalie et toutes les matrones de la police des mœurs. Personne ne doit savoir, ni sa famille, ni son Église, ni même ce Yohanna qui s'apprête à la sauver.

Rachid ne comprend rien aux tourments de cette traumatisée qui retarde ses projets. Marie lui ment : il ne lui reste pour unique famille qu'un neveu, affirme-t-elle, un prêtre parti étudier en Italie. Impossible de le contacter. Puisque Marie ne l'aidera pas à retrouver sa famille, Rachid charge une esclave yézidie qu'il vient de renvoyer chez elle de parler aux Kurdes de sa chrétienne.

*

« Connaissez-vous une chrétienne de Khidir dont le neveu prêtre fait ses études en Italie ? » Quand il reçoit ce courriel rédigé par un de ses amis musulmans de Duhok, Yohanna identifie rapidement Marie, malgré le faux prénom dont l'ont affublée ses maîtres. Son neveu fait effectivement ses études à la Pontificia Università Urbaniana à Rome, il a rencontré le pape en personne, et cela a naturellement fait sensation dans la communauté chrétienne de la plaine de Ninive.

Joint par les bons soins de Yohanna, le prêtre veut avant tout s'assurer de l'identité de l'otage. Après une première conversation au téléphone, il est presque sûr de reconnaître la voix de sa tante, mais il demande quand même à Rachid si Marie peut lui adresser une courte vidéo dans laquelle elle s'exprimerait en syriaque, une langue connue des seuls chrétiens.

Marie n'est donc pas morte ? C'est peu de dire que la fratrie n'est pas enchantée de sa réapparition. Yohanna, qui a demandé au neveu comment la famille voulait procéder, si elle allait mener les négociations elle-même ou si elle allait être appuyée par l'évêché, attendra longtemps une réponse à ses questions. On s'effraie de la somme, difficile à réunir, vraiment difficile, dit-on à Yohanna. La famille ne vit-elle pas dans un camp de réfugiés à Ankawa, le quartier chrétien d'Erbil ? La négociation traîne en longueur, la famille louvoie, et le Français passe ses nerfs sur son esclave.

Seul Marc, son beau-frère, veut aider Yohanna à payer la rançon. Il le lui dit, mais sa femme, Pascale, la confidente de Marie, Pascale la prunelle de ses yeux, Pascale qui a aussi été prisonnière pendant un mois et peut imaginer ce que sa sœur a vécu pendant deux ans, ou peut-être justement ne veut pas l'imaginer, lui ordonne de se taire. Yohanna – qui s'accrochait à cette étincelle d'humanité venant d'un homme dont la femme a subi les derniers outrages – s'indigne froidement comme il en a le secret : « Tu ne respectes donc pas la volonté de ton mari ? », lui dit-il avec son air bourru et ses yeux tristes. Mais Pascale ne veut pas que Marie revienne : c'est pourtant simple à comprendre ! Elle vit désormais une vie paisible, dans sa communauté, dans le déni de cette tache qui la ronge de l'intérieur. Elle est passée de l'autre côté du miroir, rattrapée à temps avec ceux qui peuvent encore prétendre qu'il ne s'est rien passé. Qu'elle y reste, qu'elle y meure, cette sœur maudite par qui le scandale va arriver ! Même si elle ne dit rien, Marie parlera, Pascale le sait. Sa peau crie l'histoire qu'il faut taire. Combien elle aurait préféré chérir le souvenir d'une morte plutôt que de haïr une survivante.

Finalement le neveu tranche, après tout il est le représentant de Jésus, et il autorise Yohanna à conduire la négociation de la rançon : il peut la faire libérer, lui concède-t-il, mais la famille ne donnera pas un dinar, et elle ne veut surtout rien savoir. Voilà exactement ce que le prêtre, depuis Rome, dit à Yohanna : « Fais ce que tu veux », sous-entendu : « Je m'en lave les mains comme Ponce Pilate. »

Quand je l'ai rencontré à Qaraqosh, jeune homme obèse, important, le neveu travaillait à l'évêché. Il avait affiché dans son bureau une photographie sur laquelle il sourit à l'objectif en tenant la main de Benoît XVI. Nous avons parlé en italien, et je l'ai écouté magnifier son rôle dans la libération de sa tante. « Au cours de la conversation que nous avons eue au téléphone cette nuit-là », m'expliqua-t-il, « je lui ai donné de l'espoir (*ho dato speranza*). » C'est toutefois à peu près tout ce qu'il avait à dire, et je n'ai pas perdu de temps à lui demander pourquoi il n'avait rendu visite qu'une seule fois à Marie depuis sa libération. Son manque d'empressement se révéla sans doute une bonne chose puisqu'elle m'a raconté que la seule question qu'il lui a posée est : « Avec combien d'hommes as-tu couché ? »

*

Yohanna négocie. Seul. Ferme. Il ne payera que la moitié du montant réclamé par Rachid, il est inflexible, et elle ne sera versée à l'intermédiaire que lorsque la chrétienne atteindra le Kurdistan.

Au pied des remparts médiévaux de Raqqa, au lever du jour, Marie est confiée aux bons soins d'un passeur, et pendant qu'elle va vers son destin et roule en taxi jusqu'à une maison sans eau ni électricité plantée au milieu du désert, pendant qu'elle imagine sa dernière heure arrivée, Yohanna s'active. Mais comment trouver 50 000 dollars ?

L'évêque d'Erbil, un petit homme qui ventrouille depuis des années sous sa moustache kurde, a promis de donner 10 000 dollars pour la libération de Marie. Lui aussi, je l'ai bien connu. Mais quand Yohanna vient chercher l'argent, l'évêque, qui misait sur l'échec des négociations, ne veut plus ouvrir le tiroir-caisse de son commerce ecclésial : cela fait des années qu'il touche des dizaines de millions que lui versent les Américains, les Européens, le Vatican. Pour les réfugiés, dit-il en tendant la main, pour les chrétiens persécutés, pour leur construire une université. « Vous êtes sûr qu'il y a des chrétiens entre les mains de l'État islamique ? Cela me surprend », tente l'évêque. « Vous ne lisez donc pas les rapports que je vous remets ? Ils étaient plus de quatre cents, il y en a encore deux cent cinquante-quatre », s'agace Yohanna. Alors pour garder l'argent, les millions d'aide humanitaire, pour la cathédrale qu'il se fait construire dans un style rococo néo-assyrien à côté du quartier délabré des réfugiés, pour le violet éclatant de sa soutane et l'or massif de la grosse croix qui pendouille sur son ventre, le prélat trouve une nouvelle parade : « Je suis chaldéen, je ne donne pas d'argent pour les syriaques. »

L'évêque de Qaraqosh fait une autre réponse à Yohanna : il paiera la rançon si la libération est un succès, mais il refuse d'avancer la somme.

À minuit, Yohanna n'a toujours pas réuni un dollar. À travers une vitre où se cogne en grésillant une mouche, Marie scrute la plaine agitée par des bourrasques qui font s'envoler des virevoltants. Elle suit du regard aussi loin qu'elle le peut le roulement de ces buissons séchés dans le désert. Dans la maison se croisent des inconnus aux destinations inconnues, dont les visages dansent dans le clair-obscur des lampes à gaz. Elle ne dormira pas, bien sûr, elle a aussi peur de ce qui l'attend que de mourir ici, dans la nuit désolée.

Vers 5 heures du matin, Yohanna appelle un ami musulman, originaire comme lui de Mossoul, qui accepte sans discuter de lui avancer immédiatement l'argent en liquide. C'est grâce à lui, à cet homme dont Yohanna n'a pas voulu me donner le nom, qu'aux premières lueurs de l'aube, lorsque retentit la prière du matin, Marie prend place à l'arrière d'une voiture, au milieu des femmes du passeur.

*

La voiture essaye d'éviter les mines, précédée par une moto qui ouvre la route et dont le conducteur est guidé au téléphone par les soldats kurdes du PKK. Marie fixe le sable qui s'envole sur la route et se colle sur le pare-brise, obligeant par endroits le chauffeur à rouler au pas. Elle somnole dans un paysage aussi morne que son espérance.

Enfin, à la sortie du territoire de l'État islamique, à Tell Tamer, les indépendantistes kurdes demandent à Marie de relever son niqab. A-t-elle hésité au moment de montrer son visage ? Un soldat lui offre une cigarette. Mais déjà un certain Bazhad la presse de monter dans une autre voiture. Elle s'étonne, l'interroge. Lui l'informe seulement en refermant la portière qu'il est l'intermédiaire qui l'a fait libérer, qu'il est yézidi, et qu'elle peut avoir confiance dans son chauffeur, Mourad, qui va la conduire à Hassaké, puis à Qamichli. La voiture démarre à peine qu'un officier du PKK lui fait signe de s'arrêter. Elle abaisse la vitre : « Nous irons jusqu'à Mossoul », lui lance-t-il, « et nous ferons subir ce que tu as subi à leurs femmes pour te venger. » Marie répond : « Pourquoi commettre le même péché ? »

Le juste

De Yohanna, on ne peut pas dire qu'il est beau. C'est un homme au visage buriné par le soleil que domine un regard bleu ciel un peu las. Il a surtout cette rondeur qui donne envie de le serrer dans ses bras. Le français fut son premier choix d'études à l'université, puis, comme tous les enfants de bonne famille, il a fait son droit. Parce qu'il s'exprime désormais le plus souvent en anglais, parfois il cherche un mot en français, mais, quand il le retrouve, il le prononce avec gourmandise.

*

Deux ans de service militaire et quatre années de guerre : trois contre l'Iran, une contre les États-Unis.

C'était une autre époque, un autre Irak, m'a expliqué Yohanna en me montrant son livret militaire. Après un week-end de permission, lorsqu'il montait dans le camion qui partait de Mossoul pour rejoindre le front à la frontière de l'Iran, aucun soldat ne lui demandait jamais s'il était musulman ou chrétien. Lui était analyste radar dans l'armée de l'air. Les grandes offensives « Aurore » de 1983-1984, il les voit se lever sur Amarah sous forme de points qui apparaissent et disparaissent de son écran de contrôle. Ce n'est pas qu'une suite de coordonnées pour lui. C'est la ligne de vie des pilotes avec lesquels il boit le soir.

Il se souvient aussi d'une voix brouillée venue du front : elle appartenait à un éclaireur qui s'est volontairement laissé dépasser par les troupes iraniennes et qui l'appelle pour l'informer des avions qui passent la frontière à une altitude trop basse pour apparaître sur son écran. Avant de raccrocher, l'éclaireur lui dit que les Iraniens ne tarderont sans doute pas à le découvrir, qu'il a une femme et un fils à Bagdad. Plus Yohanna vieillit, plus il se rappelle distinctement sa voix.

En février 1991, pendant que Marie observait à Khidir la neige se changer en boue, il servait de nouveau dans l'armée : il était à l'académie militaire de Bagdad, pas loin du square Waqas et du couvent des Dominicains, où tombait une pluie noire des puits de pétrole enflammés par son armée.

Ce jour-là, c'est au tour de l'Académie militaire, désertée par ses élèves officiers, d'être frappée. Yohanna est assis au milieu des gravats du plafond et des étages, il suffoque dans la poussière de béton, et il s'étonne d'entendre à quelques mètres de lui la voix du général Nardak s'élever au-dessus des poutrelles effondrées. Cet excentrique chante que l'odeur de la poudre est comme l'odeur des fleurs et le bruit des bombes comme le cantique des oiseaux. Lui a la bouche trop sèche pour l'accompagner.

Lorsqu'en mars, ce même général Nardak est devenu le responsable de la protection de Bagdad et qu'il a ordonné à ses hommes de mater les chiites que les Américains avaient imprudemment incités à se révolter contre Saddam, Yohanna a répondu que jamais il ne tirerait sur des Irakiens. Quand le lendemain un officier lui tend un pli du général, il pense que les fusils sont déjà chargés pour son peloton d'exécution. Puis il lit que l'homme avec lequel il a mangé de la poussière le libère de ses obligations militaires et lui ordonne de repartir chez lui, loin de Bagdad, où l'on n'a définitivement plus besoin de lui.

En deux guerres, il vient de voir cinq cent mille Irakiens mourir ; il ne sait pas que les deux suivantes en emporteront un million de plus.

*

Yohanna n'a jamais eu de chance. Ou plutôt il n'a jamais eu la carte du parti, l'unique, le Baas ou Parti de la Renaissance arabe et socialiste, fondé par de jeunes Syriens dans les années 30. Deux fois il a obtenu une bourse de doctorat pour rejoindre l'université de Clermont-Ferrand ; deux fois la dictature baasiste ne l'a pas autorisé à s'y rendre, au prétexte qu'un homme marié et père ne pouvait pas quitter le territoire. C'est vrai que Yohanna s'est permis d'épouser la seule femme qu'il ait aimée : Amal, dont le prénom signifie « espoir ». Alors il a fait comme tous les Irakiens, il a fait ce que le parti voulait qu'il fasse : il s'est inscrit à l'Institut de la Ligue arabe et a rédigé un mémoire sur les Églises chrétiennes face à la question palestinienne.

Heureusement Yohanna a une bonne nature : il a cette sorte de fatalisme qui empêche d'être tout à fait déçu par la vie.

Il a fait construire sa maison dans le quartier d'al-Hadba, c'est-à-dire le Bossu, qui grimpe en pente douce, derrière l'université de Mossoul, où il se rend presque chaque matin à pied pour aller donner ses leçons de droit commercial. L'après-midi, il poursuit parfois la marche jusqu'à la ferme qu'il a achetée dans la Forêt, pour surveiller l'irrigation que négligent trop souvent ses ouvriers agricoles. Il m'a montré le lit de gazon qui prolonge sa propriété jusqu'aux eaux du fleuve, où il aimait s'étendre les soirs d'été.

Il avait une autre affaire, un élevage de poulets, sur la route qui relie Khidir à Qaraqosh. Le père de Marie tenait l'élevage de poussins qui jouxtait le sien. De jolis poussins qui croient s'envoler alors qu'ils titubent d'un enclos à l'autre pour devenir des poulets, puis se métamorphoser un entrepôt plus loin en kebabs. C'est à cette époque qu'il a rencontré Marie.

*

« Par la volonté d'Allah, verse 50 000 dollars avant ce soir, sinon nous décapitons ton fils et ta belle-fille ! » Yohanna était dans son bureau en train de préparer sa prochaine leçon quand il a entendu que l'on clouait ce papier sur sa porte. Il est 15 heures, le 23 novembre 2006. Yohanna les imagine immédiatement dans une cave, agenouillés, bandeau sur les yeux, mains liées dans le dos. Il appelle un collègue musulman, qui l'informe que ses enfants sont encore à l'université et qu'il accepte de courir le risque de les exfiltrer en les cachant dans le coffre de sa voiture. À 16 h 30, le fils et la belle-fille sont devant la porte de la maison. À 17 heures, un autre ami musulman arrive avec sa camionnette. Yohanna et sa famille grimpent à l'intérieur et se couchent sur le sol, les uns contre les autres. Son ami jette une couverture sur eux, puis des caisses de fruits, et leur sauve la vie en les emmenant à Qaraqosh.

Après son départ, ce sont des djihadistes afghans qui ont installé leurs paillasses dans sa maison, autour d'une table basse remplie d'assiettes, où traînent des restes de nourriture et les seringues avec lesquelles ils s'injectent des amphétamines. J'ai visité des dizaines de maisons au fur et à mesure de la libération de Mossoul et partout j'ai vu ce même décor et cette même crasse. Je n'avais pas pensé aux femmes enchaînées à l'étage.

Pendant que nous parcourions Mossoul pour retrouver les lieux où Marie avait été séquestrée, j'ai accompagné Yohanna dans sa rue. Nous nous sommes garés devant sa maison. Une jolie villa de plain-pied couleur vert d'eau. Le toit forme une grande terrasse dont une partie est couverte par une galerie. Elle a été épargnée par les bombardements, mais nous ne sommes pas descendus de voiture pour y entrer. Yohanna n'en a plus les clefs. Sur le muret de la terrasse est suspendue une banderole où l'on voit Blanche-Neige, Winnie l'ourson et d'autres personnages de dessins animés dont je ne connais pas les noms. La façade a été décorée de chiffres et de lettres dans leur calligraphie arabe et latine. La maison est devenue une petite école de quartier dont nous avons regardé les enfants sortir. Yohanna semblait content.

*

Il n'est installé à Qaraqosh que depuis trois jours mais il a déjà fait son deuil. Au préfet de la province de Ninive, assis derrière son bureau, Yohanna explique

que les chrétiens expulsés de Mossoul doivent continuer à recevoir un enseignement universitaire et qu'il va fonder une université à Qaraqosh. « M'aiderez-vous ? » Le préfet n'ouvre pas la bouche pour ne pas être tenu par une parole donnée, mais il acquiesce de la tête. Yohanna a ensuite convaincu Pascale Warda, une députée chrétienne au Parlement de Bagdad, de se battre avec lui. Des années de travail pour rassembler les autorisations et les financements, construire les bâtiments et recruter les futurs enseignants. Le 23 mars 2014, enfin, le ministre de l'Éducation, un sunnite de Tikrit, s'est déplacé pour inaugurer l'université al-Hamdaniya.

Le 7 août 2014, pourtant, aucun étudiant ne fait la file pour s'y inscrire : il n'y a que des djihadistes, kalachnikov en bandoulière, dans les couloirs de béton nu.

*

Après la prise de Qaraqosh par l'État islamique, la famille de Yohanna s'est ajoutée aux seize mille familles chrétiennes réfugiées au Kurdistan. Les Irakiens utilisent encore cette unité de mesure pour se compter ; ils parlent aussi de clan et de tribu. Yohanna n'est pas le plus malheureux puisqu'il a les moyens de louer une maison à Ankawa.

Dans ce quartier chrétien d'Erbil, on fait des affaires : hôtels luxueux pour les profiteurs de guerre occidentaux, restaurants dont on garantit la propreté des cuisines, contrebandes de produits, chantiers financés dont les travaux ne finissent jamais, et puis le marché du sommeil et de la plus-value immobilière. On peut se mettre des dinars plein les poches quand on n'est pas relégué avec les plus pauvres dans le camp boueux de conteneurs en tôle ondulée.

Ce spectacle a écœuré Yohanna. Il s'engage comme volontaire dans l'organisation humanitaire Hammurabi, qui milite pour le respect des droits des minorités chrétienne, yézidie, shabake ou encore kakaïe. Cette organisation a même eu l'audace d'ajouter à cette liste les descendants des esclaves noirs : ils sont nombreux dans le sud de l'Irak, et beaucoup sont d'ailleurs encore esclaves. J'avais voulu aller à leur rencontre, mais une amie, qui vit en Irak depuis de nombreuses années, m'a dit que leurs maîtres dégaineraient leurs revolvers dès qu'ils me verraient approcher. Hammurabi, c'est-à-dire le guérisseur, est le nom d'un roi babylonien qui fit graver sur une stèle de basalte noir l'un des premiers codes de lois de l'humanité.

C'est à cette époque que j'ai rencontré Yohanna. Le matin, il compulse derrière son ordinateur les chiffres des exactions commises par les belligérants, puis rédige des rapports pour le gouvernement, les chefs religieux, et pour qui veut bien le lire. Les chrétiens représentaient 3 % de la population en 2003, mais 40 % des médecins et 33 % des ingénieurs. La colonne cérébrale du pays, dit Yohanna. Ils étaient un million et demi : il en reste aujourd'hui à peine deux cent cinquante mille. L'après-midi, il travaille pour sauver les vies qui se cachent derrière ces chiffres. Parmi les fiches des chrétiens disparus qu'il tente de retrouver, il y a celle de Marie.

Le Verdoyant

En France, certains prétendent que les terroristes sont des loups solitaires, qu'ils n'ont pas de religion, qu'ils sont fous. Il y a toujours eu des fous dans le village de Marie ; des épileptiques aussi, que l'on confondait avec eux, les malheureux. Ils y venaient enchaînés à travers la vaste plaine de Ninive. Parvenus à Khidir, leurs gardiens les forçaient à s'agenouiller devant une source. Comme à Lourdes. Ils priaient pour que le clapotis de l'eau leur picore le crâne, puis picote leur cerveau pour en chasser les démons et les djinns. Et alors ? demandait-on au fou. Alors comme le bienheureux aveugle de la parabole abandonne sa canne après le miracle, le fou, avec un air ravi adressé à son gardien, accrochait ses chaînes au mur en guise d'ex-voto et repartait en gambadant : « Vous voyez bien que je ne suis pas fou ! »

Pour expliquer l'origine de cette source miraculeuse, les chrétiens rappellent le baptême de Behnam et Sarah des mains de saint Matthieu qui avait ouvert le désert pour en faire jaillir l'eau. Mais la critique historique est passée par là, et les archéologues ont fouillé le sol pour en exhumer les débris d'une loge soufie et, plus profondément enfoui, l'espace sacré d'un culte zoroastrien. Nulle trace d'une église chrétienne avant le XIIe siècle, époque où a été inventée la légende de saint Behnam. Il ne faut pas leur dire mais les chrétiens n'étaient pas les premiers à Khidir.

Le mausolée, censé contenir les reliques de Behnam et Sarah, est plus ancien, c'est vrai, puisqu'il daterait du Ve siècle. C'est une maçonnerie sans porte ni fenêtre de forme octogonale, surmontée d'une coupole à trois étages. À force d'avaler des couches de chaux, il a fini par s'arrondir avec l'âge pour prendre l'allure comique d'une tiare de satrape. Yohanna a éclairé la crypte de sa lampe torche pour me montrer les graffitis et les inscriptions rédigées en syriaque et en arménien, mais aussi en arabe et en ouïghour. On y lit notamment : « Que la paix de Khidir Élias repose sur l'Il-Khan, ses grands et ses dames. » Les musulmans venaient donc eux aussi depuis longtemps en pèlerinage au mausolée, non pour y prier sur les tombeaux de saints chrétiens, mais pour y honorer le passage de Khidir, le maître des sources.

Khidir, c'est le survivant des âges du monde, le jeune homme à la barbe blanche qui tient dans sa main la nature sauvage, le vagabond qui fait renaître les saisons sur son passage. Khidir le Verdoyant, dit un hadith d'al-Boukhari, parce qu'un jour, la pierre sur laquelle il était assis, lorsqu'il se leva, verdit.

Ce petit homme à travers qui Dieu fait pousser l'herbe dans le désert est un mystère. Est-il prophète ? Les savants s'interrogent. Et s'il s'agissait d'Élie ? Ou de son compagnon de route ? Même le grand historien al-Tabari ne sait pas quand il est né. Quelques-uns disent que Khidir est un parent de Moïse à qui il enseigna que l'on peut tuer un enfant en lui fracassant la tête à coups de pierre, si c'est pour en offrir un plus aimable, un plus croyant à ses parents. D'autres disent qu'il vécut avant Abraham, qu'il descend de Sem, fils de Noé. D'autres encore, qu'après le Déluge, il devint l'ami de Gilgamesh qui cherchait la sagesse dans les deltas du pays des deux fleuves. En Inde, des mystiques prétendent qu'ils l'aperçoivent lorsqu'il nage sous l'apparence d'un ruisseau qui épouse l'esprit des rivières et la fête des pluies. Les Arabes disent d'ailleurs qu'il guida vers ce pays l'expédition d'Alexandre le Grand, le fils de Zeus Ammon aux deux cornes, qui s'était mis en quête de la fontaine de jouvence. La *Sira* en parle aussi, et Mahomet en personne dans la sourate de la Caverne. Car il paraît que Khidir suit désormais scrupuleusement le ramadan et va en pèlerinage à La Mecque. Ali l'aurait reconnu, dissimulé dans la foule en larmes, à l'enterrement du prophète de l'islam.

*

Après la conquête, l'État islamique a pulvérisé le mausolée. Sur les images de propagande, après la déflagration, on les voit crier qu'Allah est grand en courant vers un grand champignon de fumée. Penchés sur le tas de gravats qui réapparaît peu à peu derrière la poussière, au milieu des hommes en noir, des hommes en *dichdacha* grise, des villageois, les voisins de Marie. Ils ne savent pas que sous leurs pieds une vingtaine de bidons chimiques n'a pas explosé, épargnant les soubassements de la crypte, les tombeaux des saints, et les précieux manuscrits que le père Yacoub avait cachés là avant de fuir le monastère.

Après la reconquête, la reconstruction du mausolée sera financée par les membres d'une association française : Fraternité en Irak. Ils n'étaient pas sur place lorsque j'ai visité le site avec Yohanna, mais leurs ouvriers travaillaient : quelques chrétiens et de nombreux musulmans au keffieh rouge et blanc enroulé autour de la tête, des villageois, les voisins de Marie. Ils empilaient sous un soleil de plomb de longues briques roses et modelaient la voûte du mausolée de leurs mains jointes à celles qui l'avaient bâtie autrefois.

*

Marie se rappelle le frisson qui la parcourait quand elle s'enfonçait dans le tunnel qui conduit jusqu'à la crypte. Près des tombeaux, un autre tunnel, plus étroit, part jusqu'au monastère, jusqu'à son père qui l'attend à la sortie dans un grand halo de lumière.

*

Des silhouettes sombres grimpent dans le disque solaire se couchant derrière la colline de Khidir. Des soufis sous leur capuche noire gravissent la pente en file indienne. Arrivés sur ce toit du monde, d'un geste ample, ils abandonnent leurs illusions en même temps que leur pèlerine sur le sol. Et ils dansent, et ils tournent, et ils dansent, dansent, dansent. Lentement, d'abord, bras croisés sur la poitrine. Puis de plus en plus rapidement pour atteindre la transe. Alors leurs bras se déploient, la paume de la main droite s'ouvre vers le Ciel pour en récolter la grâce, pendant que la gauche se tourne vers la terre pour en répandre la semence. Leurs longues jupes blanches portent les reflets des astres orangés et les éclaboussures du soleil couchant qu'ils écrasent sous leurs ballerines. Et au-dessus de ces soufis, qui tournent et qui dansent au sommet du tell de Khidir dans mon imaginaire, l'ombre d'un hélicoptère Black Hawk passe dans le disque lunaire. Marie a recouvré la liberté le 16 octobre 2016, le premier jour de la grande offensive lancée par l'armée irakienne et la coalition internationale pour reconquérir la plaine de Ninive et la ville de Mossoul.

Et au milieu coule le Tigre

Ce sont des youyous de joie qui l'accueillent à Qamichli, ville frontière entre la Syrie et la Turquie, à soixante kilomètres de l'Irak. Marie assiste aux retrouvailles familiales d'un groupe de yézidies tout juste libérées comme elle. Englobée dans l'euphorie, elle passe d'étreintes en embrassades, de pleurs de compassion en protestations d'amitié. Elle, si pudique, ne voudrait jamais quitter la chaleur de ces bras inconnus. Elle se surprend à rêver à une histoire qui finirait bien. Et si sa communauté de gens éduqués s'apprêtait à l'accueillir mieux encore que ce peuple des montagnes que l'on dit superstitieux et rustre ? Et si elle allait être fêtée et acceptée par les siens, aimée peut-être…

Avec les femmes de l'association qui libère les esclaves, elle fait les magasins, achète des chemises, un jean, des chaussures qui n'en finissent pas de blesser ses pieds si longtemps restés nus. Marie retire d'abord ses gants et ses chaussettes noires qui compriment les mollets, puis elle ôte son *abaya* figée par la poussière de la route, cache-misère des outrages qu'elle a subis pendant deux ans. Le vent encore chaud de ce début d'octobre effleure ses épaules, sa gorge ; elle frissonne d'une caresse d'automne, d'une sensation oubliée depuis longtemps.

Le lendemain, après cent check-points, cent questions embarrassantes, elle passe la frontière irakienne et arrive à Alqosh, le village de l'oiseau rouge, posé sur une montagne. Il a toujours été chrétien, du moins depuis que les juifs ont été priés de partir et que leur synagogue antique est tombée en ruine. Marie ne le sait pas mais c'est là qu'auraient reposé les ossements du prophète Nahum, qui prédit la chute de Mossoul qu'on appelait alors Ninive.

Yohanna la place dans sa propre famille « le temps de tout arranger ». Il veut surtout faire un sas de douceur autour d'elle avant de la lâcher dans le grand bain des désillusions. Il ne lui dit pas les choses comme cela, bien sûr, et elle accepte sans poser de questions, sans même se demander pourquoi les siens ne se précipitent pas pour venir la chercher, trop reconnaissante d'être plongée dans le quotidien harmonieux de cette famille, de renouer avec l'ennui des vies sans histoires des femmes moyen-orientales, entre la toilette des enfants et la préparation du dîner pour des maris maussades qui ne les regardent plus depuis longtemps quand ils rentrent du travail.

*

Pascale a refusé tout net. Mais Abel, le prof de maths, devant l'insistance de Yohanna, finit par accepter de prendre sa sœur à la maison : en décembre 2016, deux mois après sa libération. Il espère bien soutirer un dédommagement pour sa peine et demande d'ailleurs à Yohanna combien les humanitaires sont prêts à payer pour son hospitalité. Parce que les temps sont difficiles, et aussi parce qu'il croit que ces bonnes âmes qui entourent sa sœur font aussi leur beurre du malheur des autres.

Yohanna raisonne sans colère ce caractère abject pour l'amener à de meilleures dispositions. Ainsi, devant les étrangers qui accompagnent Marie jusqu'au seuil de leur modeste maison d'Ankawa, Abel et sa femme se montrent-ils chaleureux, les bras se lèvent et prennent le ciel à témoin de leur joie de la revoir. Mais dès que la porte se referme sur le huis clos familial, les bras retombent et les mines se renfrognent. Abel ne pose aucune question à sa sœur. D'abord il connaît tout de son histoire, il en veut d'ailleurs à Yohanna de ne lui avoir épargné aucun détail. Ensuite on ne s'épanche pas chez ces gens-là ; on souffre côte à côte, en silence, et au milieu coule le Tigre.

Marie devient vite le fantôme que l'on cache. Elle est consignée dans sa chambre quand on reçoit du monde. Elle ne peut ni faire la cuisine, ni bien entendu sortir pour les courses. Elle semble en quarantaine. Peut-être est-elle atteinte d'une maladie contagieuse ? Le soir, à travers la porte, elle entend les conciliabules de son frère et de sa femme, qui toujours se réconcilient et se chatouillent sur son dos. « Tout le monde me regarde dans le quartier, il faut absolument que tu lui parles », l'épouse postillonne son venin à l'oreille de son mari. Lui, prisonnier de ce ménage qui se ressoude un peu dans la communion du dégoût qu'inspire l'ex-esclave, acquiesce, ravi d'éviter pour un soir les scènes de sa femme. Puis, elle leur coûte beaucoup, renchérit le spécialiste des additions. Et la tension épaissit encore l'atmosphère, comme le blanc des œufs que l'on bat pour le dessert.

Un après-midi, pendant la sieste, des cris explosent : « Sale putain, tu as couché avec des étrangers, comment te permets-tu ? » Marie a osé passer la main dans le duvet châtain du dernier des enfants de son frère. Les cris de sa mère font sangloter le petit d'inquiétude. Lui aussi pense désormais que Marie est une sorcière.

Fabiola est venue la voir aujourd'hui. Pascale, elle, a fait savoir qu'elle était trop occupée. Le thé dans le salon, le plat de biscuits aux dattes posé sur la table basse, le sourire de la belle-sœur, et Abel doucereux qui fait la conversation. Marie se penche vers Fabiola pour lui demander si elle peut lui parler seule à seule. « Mais bien sûr, je suis là pour toi », répond-elle. Alors les sœurs s'isolent dans la chambre, s'asseyent sur le lit, Marie serre un oreiller contre sa poitrine et s'apprête à raconter ce qui lui est arrivé quand elles ont été séparées. À peine a-t-elle commencé son récit que Fabiola s'approche comme pour l'étreindre, mais elle ne fait que poser un doigt sur sa bouche : « Oublie tout ça. C'est arrivé à quelqu'un d'autre. »

Une grosse somme en dollars que Marie a reçue d'une organisation humanitaire pour payer ses frais médicaux a disparu. Yohanna intervient de manière pressante pour qu'Abel aide à « retrouver » l'argent. Trois jours plus tard les billets refont surface sur la desserte d'une commode... Yohanna a compris. Il cherche à présent un appartement pour éloigner Marie de ces gens. Mais pas un chrétien d'Ankawa ne veut louer à une femme seule, encore moins à une ancienne esclave sexuelle. « Nous avons des filles, personne ne les épousera si l'on sait que nous hébergeons cette femme, comprenez-nous. » Finalement, le neveu prêtre accepte de louer un appartement à son nom, plus pour se débarrasser de Yohanna que pour le salut de sa tante.

*

Marie s'enfonce dans une solitude ponctuée par les opérations du gynécologue, de l'orthopédiste ou de l'ophtalmologue. Elle somnole sur le canapé, épuisée de ne jamais se réveiller ; elle se douche dix fois par jour ; elle erre dans la maison dépourvue de meubles. Le bruit du moindre pas dans la cage de l'escalier la fige de terreur. C'est toujours Yohanna. Aucun représentant de l'Église ne lui rend visite. « Le seul qui a eu pitié de moi est un pasteur évangéliste, Malat », m'a-t-elle confié. « Il m'a envoyé une voiture pour aller à la messe et, au milieu de son homélie, s'est tourné vers moi et m'a appelée sa couronne. »

La travailleuse sociale qui a rendu visite à Marie a beau être membre d'une association très chrétienne, SOS Chrétiens d'Orient, elle ne croit pas en Dieu. La jeune femme d'origine chinoise au débardeur échancré et aux longs cheveux noirs ne cadre pas vraiment avec les demoiselles en jupe plissée bleu marine et chemisier blanc que l'on peut croiser dans ces organisations de bienfaisance. Enthousiaste, généreuse, doucement naïve, elle a cru apercevoir le pape flottant dans une mozette rouge de cardinal du côté de Qaraqosh. Elle m'a raconté que Marie refusait de parler syriaque pour que les chrétiens la prennent pour une Arabe de Mossoul, qu'elle a rejeté un lot de vêtements de seconde main qu'on lui apportait, et qu'elle faisait des scènes de jalousie à Yohanna quand il s'absentait trop longtemps pour secourir d'autres captifs. Sans elle et sans cette association très à droite, Marie n'aurait pas bénéficié de colis alimentaires pour se nourrir, ni de chirurgies pour se reconstruire.

Marie a reçu la visite d'autres âmes généreuses, qui avaient de l'amour à revendre et près du cœur le portefeuille d'une association à garnir. Ils valent mieux que ce prêtre d'Amman, me disait-elle, à qui elle a demandé un Évangile et qui lui a répondu : « Pour quoi faire ? » Elle les reçoit dans son salon et les écoute lui raconter l'histoire de cette femme formidable qui a perdu ses jambes dans un accident de voiture, ou celle de cet homme qui s'est extrait d'une avalanche en se sectionnant la jambe à l'aide de son canif et qui a fait le tour des plateaux de télévision avec son livre de *survivor*. Marie entend le refrain de la vie qui l'emporte, qu'il faut se battre, qu'il suffit d'un peu de courage. Un volontaire bien intentionné, surchemise à carreaux de bûcheron américain, pantalon en stretch et *yellow boots* de trekking, lui dit qu'elle lui fait penser à un peuplier du Wyoming, meurtri par la tempête ou dévoré de l'intérieur par un insecte xylophage, mais dont le bois de cœur est intact ; la beauté d'un arbre, lui explique-t-il, c'est son histoire, ses nœuds, ses écoulements de sève, ses branches tordues. Marie pense seulement qu'elle a mal au poignet de soulever un dé à coudre de café turc, mal à son pied brisé et mal de voir dans le miroir son nez cassé. Non, vraiment, elle ne comprend pas ce que cet arbre vient faire dans son salon.

Pauvre Marie : que de fées paradoxales se sont penchées au-dessus du lit de sa convalescence. Et combien d'absents ? Comment lui expliquer que la remarquable Nadia Murad, avec qui elle a partagé brièvement la même chambre de torture, a reçu le prix Nobel et qu'elle est unanimement célébrée, tandis que les malheurs des chrétiens d'Orient embarrassent plus qu'ils n'émeuvent dans certains cénacles progressistes ? Parce qu'ils sont les martyrs séculaires des musulmans. Parce qu'à l'image des vexations subies par les juifs dans certaines banlieues, les persécutions dont ils sont victimes, si elles étaient dénoncées, pourraient jeter le discrédit sur la communauté qui a si bien remplacé, dans le discours compassionnel de gauche, le prolétariat ouvrier depuis qu'il s'est gilet-jaunisé. Et aussi parce que leurs malheurs sont pleurés par ce que les bouffeurs de curés nomment la « cathosphère » avec des moues dégoûtées. Les mêmes s'indignent lorsque l'on taxe d'« islamosphère » les infiltrés fréristes dont ils portent le tapis de prière sous le bras. Marie n'y comprendrait rien.

*

C'est finalement une organisation américaine, Mercury One, qui exfiltre Marie d'Irak en mars 2017 pour la mettre en sécurité en Jordanie. Elle attendra là de recevoir son visa pour un pays lointain. Son fondateur, Glenn Beck, animateur de radio, commentateur sur Fox News, invité des talk-shows de Rush Limbaugh, se présente en tant que libertarien conservateur, membre de l'Église mormone et soutien de Donald Trump. En 2017, son fonds, baptisé Nazaréen, estimait avoir organisé la relocalisation de dix mille cinq cent vingt-quatre réfugiés chrétiens d'Irak et de Syrie.

Une riche artiste américaine soutenant cette organisation, qui a été victime d'un viol dans sa jeunesse, est venue rendre visite à l'ancienne esclave pour se remémorer son traumatisme. Et Marie observe avec une bienveillance circonspecte cette étrangère qui croit qu'elle lui ressemble.

Elle est hébergée dans l'entresol d'une maison de la banlieue pavillonnaire d'Amman. Trois pièces et une seule fenêtre dont la vue bute sur un bougainvillier, puis sur le mur qui sépare le jardinet de la rue. Mais Marie ne s'en inquiète pas : sa souffrance n'a ni porte ni fenêtre ; elle a colonisé son corps et son esprit, comme un absolu qui l'épuise. S'il lui semble, un bref instant, que sa souffrance la quitte, elle retient son souffle, l'imagine tapie dans l'une de ses blessures, à l'affût ; elle sait que sa geôlière finira par se montrer à l'heure de la ronde, son ennemie intime, son double, sa chair. Parfois un plaisir simple, la lecture d'un magazine féminin, l'arôme particulier d'une infusion de citrons noirs de Bassora, la distrait quelques secondes d'elle-même, et elle sursaute, stupéfaite de s'être sentie en vie, d'avoir ressenti un désir, d'avoir entrevu un avenir. Absurde. Impossible.

*

C'est dans ce salon que j'ai rencontré Marie pour la première fois. Elle attendait les derniers papiers qui lui permettraient de s'envoler enfin vers son lieu d'exil définitif. Il faut faire attention aux micros, dit-elle en s'asseyant, il faut parler tout bas. Et tout bas, d'une voix monocorde, elle a entamé son récit. Elle était descriptive, réaliste, impersonnelle. Elle était même trop prolixe, s'arrêtant sur un détail, s'y perdant, n'en sortant plus. Le fil était désordonné, confus. Tout était égal durant notre première rencontre : un viol équivalait à un vol de shampoing. Elle était surtout obsédée par l'idée que l'État islamique puisse la retrouver. À propos, me dit-elle, je pouvais écrire son histoire, mais je ne pouvais pas livrer sa véritable identité : je devais l'appeler Marie, le prénom que lui avait attribué le premier de ses maîtres, Hadj Abou Ahmed al-Charia, le vieil imam, le jour de sa conversion forcée à l'islam. Je ne pouvais pas non plus donner le vrai prénom de ses sœurs, pas même la couleur de leurs cheveux. Il y avait aussi des micros et des caméras à Mossoul, ajouta-t-elle : il fallait parler tout bas ; ses maîtres voyaient tout, entendaient tout, savaient tout. Je lui ai proposé de sortir avec Yohanna pour continuer notre conversation.

Je l'ai emmenée sur les bords de la mer Morte où s'élevaient autrefois les villes de Sodome et Gomorrhe, où elle ne s'est pas baignée. Puis je l'ai conduite quelques kilomètres plus au nord, au pied de la colline du prophète Élie, qu'elle n'a pas escaladée. Les étapes de cette longue promenade marquaient les chapitres de son récit ; le rythme de nos pas celui de nos confidences. Elle traînait son corps supplicié, et moi, j'avais besoin de pause, d'air, de regarder ailleurs, n'importe où. Ma faiblesse la faisait rire.

Nous nous sommes longtemps arrêtés à Béthanie-au-delà-du-Jourdain, où Jésus a été baptisé par Jean. Ce mince cours d'eau encombré de roseaux fait office de frontière. Sur la rive israélienne, au milieu des miradors et des caméras, à quatre ou cinq mètres de nous, des pèlerins américains en robe blanche se faisaient baptiser en s'immergeant dans les eaux boueuses, accompagnés par les chants évangéliques de leurs camarades hystériques. De notre côté de la rivière, une Russe bruyante pataugeait en soutien-gorge sous le regard concupiscent d'un militaire jordanien. Marie, détournant pudiquement son regard de cette scène, a penché son corps maladroit pour caresser l'eau du dos de sa main.

« Qui voudra de moi ? », m'a-t-elle demandé, alors que nous nous promenions dans les ruines de l'ancienne cité romaine de Jerash, la veille de son départ pour ce pays lointain dont ni elle ni moi ne savions rien. Quel homme pour endosser l'ignominie des hommes ? Pas celui-là, vendeur de roses rouges qui lui en offre une devant les propylées du temple d'Artémis. C'est un cadeau parce que tu viens d'Irak, lui dit-il. Son sourire, puis sa tristesse, quand il a fini par lui demander de l'argent. La roublardise des marchands de fleurs lui est inconnue.

RÉFÉRENCES ET NOTES

ÉLUARD Paul. Comprenne qui voudra. *Les Lettres françaises*, 2 décembre 1944.

Prologue

SEMPRÚN Jorge. *L'Écriture ou la Vie*. Paris : Gallimard, 1994, 24.

La fille du sacristain

PREUSSER Conrad. *Nordmesopotamische Baudenkmäler altchristlicher und islamischer Zeit*. Leipzig : Hinrichs, 1911, planches 1, 16-18.

LUKE Harry Charles. *Mosul and its minorities*. Londres : Hopkinson, 1925, planches 9-10.

BELL Gertrude. *Photographs*. 05/05/1909, M 014-025. Conservées au Gertrude Bell Archive, Newcastle University Library.

Sur le patrimoine artistique du monastère, voir Bas SNELDERS. *Identity and Christian-Muslim Interaction : Medieval Art of the Syrian Orthodox from the Mosul Area*. Louvain : Peeters, 2010, 257-335.

Bagdad mon amour

Sur l'Irak de Saddam Hussein, voir Pierre-Jean Luizard. *La Question irakienne*. Paris : Fayard, 2004 [éd. augmentée]. Sur la vie sous l'embargo, voir e. a. Alice Bséréni. *Chroniques de Bagdad (1997-1999) : La guerre qui n'avoue pas son nom*. Paris : L'Harmattan, 2000 ; Françoise Rigaud. Irak : le temps suspendu de l'embargo. *Critique internationale*, 11/2 (2001), 15-24.

Top Gun

Sur la bataille de Fallouyah, voir e. a. Michel Goya. Les fantômes furieux de Falloujah : Opération Al-Fayr/Phantom Fury (juillet-novembre 2004). *Les Cahiers du RETEX (Armée française – Retour d'expérience)*, (2006), 118 pp. Sur la théorie de la contre-insurrection, voir e. a. David Petraeus. Counterinsurgency Concepts : What We Learned in Iraq. *Global Policy*, 1/1 (2010), 116-117.

Meurtres à Ninive

Saadawi Ibrahim. *Frankenstein à Bagdad* (Fr. Meyer trad.). Paris : Piranha, 2016 [éd. arabe 2013].

Courtois Sébastien de. *Le Nouveau Défi des chrétiens d'Orient*. Paris : Lattès, 2009, 127.

L'identité des victimes citées dans ce chapitre provient le plus souvent des recherches effectuées par Sébastien de Courtois. Un témoignage sur les exactions commises avant 2006 a été livré par Rosie Malek-Yonan devant le U.S. House Committee on Foreign Affairs (The Plight of Religious Minorities : Can Religious Pluralisme survive ? *U.S. House of Representatives Archives*, 30 juin 2006). Jean Benjamin Sleiman en fait également état (*Dans le piège irakien : Le cri du cœur de l'archevêque de Bagdad*. Paris : La Renaissance, 2006).

La malédiction du Calife

Sur la proclamation de Baghdadi à al-Nouri, voir Sofia Amara. *Baghdadi : Calife de la terreur*. Paris : Stock, 2018, 182 *sq*. Sur la genèse de l'État islamique, voir Myriam Benraad. L'organisation d'Al-Qaïda en Mésopotamie : les paradoxes d'une politisation. *Stratégique*, 103/2 (2013), 119-30 ; Id. *Irak, la revanche de l'histoire : De l'occupation étrangère à l'État islamique*. Paris : Vendémiaire, 2015 ; Pierre-Jean Luizard. *Le Piège Daesh : L'État islamique ou le retour de l'histoire*. Paris : La Découverte, 2015.

La nuit du 6 août

Najeeb Michaeel avec Gubert Romain. *Sauver les livres et les hommes*. Paris : Grasset, 2017, 8.
Lc 12:22-29 (AELF trad.). Paris : Desclée-Mame, 2013.

Le vieil imam

Chebel Malek. *L'Islam de chair et de sang : Sur l'amour, le sexe et la viande*. Paris : Librio, 2012, 58.
État islamique. *Manuel d'esclavage sexuel* (K. Roth éd. et S. Tolotti trad.). *The New York Review of Books*, 15 septembre 2015, en ligne.
Coran 4:3 (A. Chouraqui trad.). Paris : Laffont, 1990. Les « captives que votre droite maîtrise » sont remplacées par « les captives de guerre », traduction plus habituelle et compréhensible.

Une gazelle merveilleuse

Cette légende n'a trouvé aucun fondement historique, même si un rapprochement avec Vahunam, un martyr perse à l'existence vraisemblable, a été suggéré. De Vahunam, qui signifie « de beau nom », on sait seulement qu'il était un « enfant voué » et qu'il a été lapidé près de Gazak, à l'époque où Ardashir II, le frère aîné de Chapour II, était vice-roi d'Adiabène, donc avant 379. Voir *Bibliotheca Orientalis Clementino-Vaticana : T. I* (J. S. ASSEMANI éd. syriaque et trad. latine). Rome : Sacrae Congregationis de Propaganda Fide, 1719, 189 ; Paul PEETERS. Le Passionnaire d'Adiabène. *Analecta Bollandiana*, 43 (1925), 261-304, 265 ; Arnold VAN LANTSCHOOT. Behnam. In *Dictionnaire d'histoire et de géographie ecclésiastique : T. VII* (A. BAUDRILLART *et al.* éds). Paris : Letouzey et Ané, 1934, col. 477. Sur ce contexte historique, voir e. a. Jean Maurice FIEY. *Jalons pour une histoire de l'Église en Irak* (Corpus Scriptorum Christianorum Orientalium, 310). Louvain : Peeters, 1970, 85-99.

On ne dispose, en fait, sur saints Behnam et Sarah, d'aucune source antérieure à deux manuscrits datant de 1197 et de 1199 (British Library Add. 12174 et Add. 14733). Quant aux nombreux écrits qui ont vu le jour par la suite, ils divergent sous l'effet des traditions jacobite et nestorienne, mais aussi copte et éthiopienne. Le texte qui recueille le plus large consensus a été édité en néo-araméen par Paul BEDJAN (*Acta Martyrum et Sanctorum : T. II.* Leipzig : Harrassowitz, 1891, 397-441). Il a été réédité et traduit en anglais par Jeanne-Nicole MELLON SAINT-LAURENT et Kyle SMITH (*The History of Mar Behnam and Sarah : Martyrdom and Monasticism in Medieval Iraq*. Piscataway : Gorgias Press, 2018). Des transmissions orales de la légende ont également été consignées. Voir e. a. Horatio SOUTHGATE. *Narrative of a Visit to the Syrian [Jacobite] Church of Mesopotamia.* New York : Appleton, 1844, 215-217 ; James Phillips FLETCHER. *Narrative of a Two Years Residence at Nineveh, and Travels in Mesopotamia, Assyria, and Syria : T. II.* Londres : Colburn, 1850, 79-81 ; Gertrude BELL. *Diaries.* 05/05/1909. Conservés à la Gertrude Bell Archive, Newcastle University Library.

Pour une approche critique de cette légende, voir Jean Maurice FIEY. *Assyrie chrétienne : T. II.* Beyrouth : Imprimerie catholique, 1965, 566-578 ; ID. *Saints syriaques* (L. I. CONRAD éd.).

Princeton : Darwin Press, 2004, 54-55, 137-138 ; Mirko Novák et Helen Younansardaroud. Mar Behnam, Sohn des Sanherib von Nimrud : Tradition und Rezeption einer assyrischen Gestalt im iraquischen Christentum und die Frage nach den Fortleben der Assyrer. *Altorientalische Forschungen*, 29 (2002), 166-194 ; B. Horn. Children as Pilgrims and the Cult of the Holy Children in the Early Syriac Tradition : The Cases of Theodoret of Cyrrhus and the Child-Martyrs Behnam, Sarah, and Cyriacus. *Aram (Society for Syro-Mesopotamian Studies)*, 18-19 (2006-2007), 439-462 ; Bas Snelders. Art et Hagiographie : La construction d'une communauté à Mar-Behnam. *Études syriaques*, 9 (2012), 271-286 ; Tawni L. Holm. Memories of Sennacherib in Aramaic Tradition. In *Sennacherib at the Gates of Jerusalem : Story, History and Historiography* (I. Kalimi et S. Richardson éds), Leyde-Boston : Brill, 2014, 293-323.

La lutte des classes

Pinkola Estés Clarissa. *Femmes qui courent avec les loups : Histoires et mythes de l'archétype de la Femme sauvage* (M.-F. Girod trad.). Paris : Grasset, 1996 [éd. anglaise 1992], 13.

Sur la vie quotidienne sous l'État islamique, voir e. a. Jinan avec Thierry Oberlé. *Esclave de Daech*. Paris : Fayard, 2015 ; Hélène Sallon. *L'État islamique de Mossoul : Histoire d'une entreprise totalitaire*. Paris : La Découverte, 2018.

Sainte Marie de Khidir

École de Novgorod. *Les Quarante Martyrs de Sébaste*, fin du xve-début du xvie s. Tempera-Pavoloka-Gesso, 24,5 × 19,3 cm. Conservée à la Galerie Tretiakov, Moscou (Russie).

Rezk Tony. *Les Vingt et Un Martyrs de Libye*. 2015. Huile sur bois. Conservée dans l'église copte Abu-Hur, Al-Minya (Égypte).

Harrak Amir. *Recueil des inscriptions syriaques : T. II. Syriac and Garshuni Inscriptions of Iraq*. Paris : Académie des Inscriptions et Belles-Lettres, 2010, AE.01.23.

Si c'est une femme

Coran 2:85 (A. Chouraqui trad.). *Op. cit.*

Sur l'histoire du tell abritant le pseudo-tombeau de Jonas, voir Jean Maurice Fiey. *Op. cit.*, 1965, 493-516. Sur les premiers résultats des fouilles archéologiques, voir par exemple Ali Y. Al-Juboori. Recently Discovered Neo-Assyrian Royal Inscriptions from the Review Palace and Nergal Gate of Nineveh. *Iraq*, 79/3 (2017), 3-20, publié en ligne par Cambridge University Press.

Le mythe de Jonas

1 R 19:12-3 (AELF trad.). *Op. cit.*
Jon 4:8 (A. Chouraqui trad.). Paris : Desclée de Brouwer, 2010.
Jonas Hans. *Entre le néant et l'éternité* (S. Courtine-Denamy trad.). Paris : Belin, 1996 [éd. allemande 1963], 105-129, en particulier 121-124 ; Id. *Le Phénomène de la vie : Vers une biologie philosophique* (D. Lories trad.). Bruxelles : De Boeck, 2001 [éd. anglaise 1966], essai XI, 275-277 ; Id. *Le Concept de Dieu après Auschwitz : Une voix juive* (Ph. Ivernel trad.). Paris : Payot & Rivages, 1994 [éd. allemande 1984], 7-44, 14-20.

Le récit du mythe retranscrit ici n'a pas été édité tel quel par Jonas. En effet, dans un but de lisibilité, il a fallu se résoudre à couper les considérations philosophiques les plus complexes, à remplacer le vocabulaire ontologique se rapportant à la divinité par le terme *Dieu* et à utiliser indistinctement les traductions de Sylvie Courtine-Denamy, de Danielle Lories ou de Philippe Ivernel, en fonction de leur accessibilité. Que les philosophes et les théologiens veuillent bien pardonner cette violence imposée au texte.

La perle de l'Euphrate

SURIEU Robert. *Saru é Naz : Essai sur les représentations érotiques dans l'Iran d'autrefois.* Genève : Nagel, 1967, 92. Cité par Malek CHEBEL. *Désir et beauté en islam.* Paris : CNRS, 2016, 126.

AL-BOUKHARI. Hadith 5931. In *Les Traditions islamiques : Vol. 3* (O. HOUDAS trad.). Paris : Imprimerie nationale, 1908, 467.

BOOBA, Tombé pour elle. In *Futur* (M.D. LEVY prod). © Universal Music, Tallac Records & AZ, 2012.

CHEBEL Malek. *Op. cit.*, 2012, 33.

LUXENBERG Christoph. *The Syro-Aramaic Reading of the Koran : A Contribution to the Decoding of the Language of the Koran.* Berlin : Schiller, 2007 [éd. allemande 2000].

Doctrine d'Addaï. Citée par Françoise BRIQUEL CHATONNET et Muriel DEBIÉ. *Le Monde syriaque : Sur les routes d'un christianisme ignoré.* Paris : Les Belles-Lettres, 2017, 89.

AL-HOUEINI Abou Ishaq. Cité par Fethi BENSLAMA. *Un furieux désir de sacrifice : Le surmusulman.* Paris : Seuil, 2016, 123-124.

Certains dialogues de ce chapitre s'inspirent d'authentiques propos de djihadistes rapportés par David THOMSON (*Les Revenants : Ils étaient partis faire le jihad, ils sont de retour en France.* Paris : Seuil, 2016), ainsi que par Thomas DANDOIS et François-Xavier TRÉGAN (*Daesh, paroles de déserteurs.* Paris : Gallimard, 2018). Sur la vie quotidienne à Raqqa, voir e. a. Hala KODAMI. *Seule dans Raqqa.* Paris : Équateurs, 2017.

Qui le souhaite trouvera des contextualisations historiques du Coran moins polémiques que celle proposée par Christoph Luxenberg, notamment chez Jacqueline CHABBI (*Les Trois Piliers de l'islam : Lecture anthropologique du Coran.* Paris : Seuil, 2016) ou dans la « somme » qu'ont dirigée Mohammad Ali

Amir-Moezzi et Guillaume Dye (*Le Coran des historiens*. 3 vol. Paris : Cerf, 2019).

Dieu rapiécé

Hillesum Etty. *Journal*. Cité par Paul Lebau. *Etty Hillesum : Un itinéraire spirituel (Amsterdam 1941-Auschwitz 1943)*. Bruxelles : Racine, 1998, 105-116.

Jonas Hans. *Op. cit.*, 1994, 32-36 ; *Souvenirs : D'après les entretiens avec Rachel Salamander* (S. Cornille et Ph. Ivernel trad.). Paris : Rivages, 2005 [éd. allemande 2003], 257-263, 262-263. Cette citation, issue du *Concept de Dieu après Auschwitz*, est extraite d'un développement qu'il a fallu couper pour des raisons d'accessibilité. Les deux dernières phrases proviennent en outre de *Souvenirs*. Que l'on veuille bien pardonner cette nouvelle mutilation.

Rendez-vous en France

Sur la radicalisation islamiste en France et le djihadisme français, voir e. a. Gilles Kepel. *La Fracture*. Paris : Gallimard-France Culture, 2016 ; Id. avec Antoine Jardin. *Terreur dans l'Hexagone : Genèse du djihad français*. Paris : Gallimard, 2015.

Le juste

Le chiffre des pertes humaines durant la guerre Iran-Irak (1980-1988) varie sensiblement entre les sources officielles et les études scientifiques. Le chiffre d'1 200 000 morts (Pascal Buresi. Guerre Irak-Iran. In *Encyclopædia Universalis*, 2019, en ligne) est ainsi surévalué selon Pierre Razoux, qui propose un total de 680 000 morts, dont 200 000 Irakiens (*La Guerre Iran-Irak (1980-1988) : Première guerre du Golfe*. Paris : Perrin, 2013).

Le bilan humain de la guerre du Golfe (1991) n'a pas été établi avec certitude. Il serait de plus de 200 000 victimes, en tenant compte des conséquencess sanitaires, selon Beth Osborne Daponte (A Case Study in Estimating Casualties from War and its Aftermath : the 1991 Persian Gulf war. *Physicians for Social Responsibility Quarterly*, 3/2 (1993), 57-66, 65).

L'estimation du nombre de morts durant la guerre d'Irak (2003-2011) diverge fortement d'une étude à l'autre : 650 000 durant les trois premières années selon Gilbert Burnham *et al.* (Mortality after the 2003 invasion of Iraq : a cross-sectional cluster sample survey. *The Lancet*, 368 (2006), 1421-1428) ; plus d'1 000 000 fin 2006 selon l'Institut ORB (rapport publié en 2007 et mis à jour en janvier 2008) ; 500 000 pour l'entièreté du conflit selon Amy Hagopian *et al.* (Mortality in Iraq Associated with the 2003-2011 War and Occupation : Findings from a National Cluster Sample Survey by the University Collaborative Iraq Mortality Study. *PLOS Medicine*, 10/10 (2013), en ligne).

Le nombre de victimes durant la guerre civile ou confessionnelle (2011-2017) n'a pas encore fait l'objet de publication de référence. Il y aurait eu 30 000 morts civils selon le site de l'ONU ; 68 000 selon le site de l'Iraq Body Count. En incluant les militaires, le bilan total pourrait tendre vers 150 000 morts.

Le Verdoyant

Harrak Amir. *Op. cit.*, AE.02.01C.
Al-Tabari Abou Jafar. *Chronique : T. I* (H. Zotenberg trad.). Paris : Imprimerie impériale, 1867, ch. 76, 373-374.

Sur l'histoire du tell de Khidir et du mausolée, voir e. a. Jean Maurice Fiey. *Mar Behnam*. Bagdad : Iraqi Ministry of Information, 1970 ; Suha Rassam. Der Mar Behnam : The monastery of Saint Behnam. In *The Christian Heritage of Iraq : Collected Papers from Christianity of Iraq* (E. C. D. Hunter éd.). Piscataway : Gorgias Press, 2009, 81-91 ; Bas Snelders. Behnam, Dayro d-Mor. In *Gorgias Encyclopedic Dictionary of the Syriac Heritage* (S. P. Brock *et al.* éds). Piscataway : Gorgias Press, 2011, 66-68 ; Ethel Sara Wolper. Khidr and the Politics of Translation in Mosul : Mar Behnam, St George and Khidr Ilyas. In *Sacred Precincts : The Religious Architecture of Non-Muslim Communities across the Islamic World* (M. Gharipour éd.). Leyde-Boston : Brill, 2015, 379-392 ; Jeanne-Nicole Mellon Saint-Laurent. Christian Legend in Medieval Iraq : Siblings, Sacrifice, and Sanctity in Behnam and Sarah. In *The Garb of Being : Embodiment and the Pursuit of Holiness in Late Ancient* (G. Frank, S. R. Holman et A. S. Jacobs éds). New York : Forham University Press, 2020, 191-218.

Et au milieu coule le Tigre

D'une manière générale, sur l'identité et le sort des chrétiens en Irak, voir e. a. Jean-Pierre Valognes. *Vie et Mort des chrétiens d'Orient : Des origines à nos jours.* Paris : Fayard, 1994 ; Jean-Marie Mérigoux. *Va à Ninive : Un dialogue avec l'Irak.* Paris : Cerf, 2000 ; Annie Laurent. *Les chrétiens d'Orient vont-ils disparaître ? Entre souffrance et espérance.* Paris : Salvator, 2008 ; Herman Teule. *Les Assyro-Chaldéens : Chrétiens d'Irak, d'Iran et de Turquie.* Turnhout : Brepols, 2008 ; Bernard Heyberger. *Les Chrétiens au Proche-Orient : De la compassion à la compréhension.* Paris : Payot, 2013 ; Ephrem-Isa Yousif. *Les Chrétiens de Mésopotamie : Histoire glorieuse et futur incertain.* Paris : L'Harmattan, 2014 ; Jean-François Colosimo. *Les Hommes en trop : La malédiction des chrétiens d'Orient.* Paris : Fayard, 2014 ; Amin Maalouf. *Le Naufrage des civilisations.* Paris : Grasset, 2019 ; Tigrane Yégavian. *Minorités d'Orient : Les oubliées de l'histoire.* Paris : Rocher, 2019.

Cet ouvrage a été achevé d'imprimer
par CPI Brodard et Taupin à La Flèche
pour le compte des éditions Grasset
en décembre 2020.

Mise en pages
PCA 44400 Rezé

PAPIER À BASE DE
FIBRES CERTIFIÉES

Grasset s'engage pour
l'environnement en réduisant
l'empreinte carbone de ses livres.
Celle de cet exemplaire est de :
450 g éq. CO_2
Rendez-vous sur
www.grasset-durable.fr

N° d'édition : 21761 – N° d'impression : 3041199
Dépôt légal : janvier 2021
Imprimé en France

SARA DANIEL
BENOÎT KANABUS

La Putain du Califat

Grasset